시로 쓴 일대기
매헌 윤봉길
Maeheon Yoon Bong Gil

1

시로 쓴 일대기
매헌 윤봉길 1
Maeheon Yoon Bong Gil

인쇄일 | 2023년 10월 05일
발행일 | 2023년 10월 10일

지은이 | 신익선
펴낸이 | 설미선
펴낸곳 | 뉴매헌출판
출판등록 | 2018년 3월 30일
주소 | 충남 예산군 예산읍 교남길 33
E-mail | new-maeheon@hanmail.net

값 15,000원
ISBN 979-11-979244-9-1(04810) 1권
　　　979-11-979244-8-4(04810) 세트

* 저자와의 협의에 의해 인지를 생략합니다.
* 잘못된 책은 바꿔드립니다.

시로 쓴 일대기

매헌 윤봉길
Maeheon Yoon Bong Gil

1

신익선

| 서문 |

    매헌 윤봉길은 일본 이시카와현 가나자와시에서 십자가에 묶여 총탄으로 운명하셨다. 매헌의 일대기는 내게 고전이다. 늘 가까이에서 매헌을 뵙는 느낌이 선연하다. 아마도 유년 시절부터 매헌의 고향인 시량리 근교에서 살았고, 지금도 목바리 옆, 가루실에서 거주하여서일 것이다.

    내가 중학생일 때, 목조건물로 건립한 충의사가 고 박정희 대통령에 의하여 봉헌되었다. 그때 나는 덕산중학교 매헌 합창단원으로 매헌의 첫 제사에 참석했다. 키 작은 대통령은 수행원에 가려 안보이다가 가까이 와서야 얼굴을 뵈었다. 박정희 대통령은 넥타이도 매지 않았었다.

    매헌의 중국 상해 의거는 매헌이 평소 품고 있던 사생취의捨生取義 정신의 결과였다. 영향력은 심대하였다. 대한민국 개국에 깊이 관여하였다. 상해임시정부 명맥을 살렸을 뿐만 아니라 이천만 민족의 마음속에 독립의 불씨를 던졌다. 가히 전 세계를 향한 역사창조의 순간이었다.

그렇다면 의거를 감행하기까지 청년 매헌의 고뇌는 무엇이었을까? 매헌의 참 염원은 무엇이었을까. 매헌에게 국가와 민족, 그리고 삶이란 무엇이었을까. 그런 관점을 살펴 이 글을 썼다.

상권은 출생과 상해 의거 이전까지의 청년 시절을, 중권은 의거부터 임종 이후까지의 사건들을, 하권은 지아비, 아비, 시인, 농민운동가, 독립투사로서 살아온 매헌의 삶을 쓸 것이다.

매헌은 흙과 자유를 사랑한 청년이었다. 상해 의거의 궁극은 흙과 자유의 열매인 조선의 독립과 국민의 행복이었다. 그를 위하여 갓 스물다섯의 매헌은 기꺼이 십자가를 졌다. 실로 자유, 성장을 동반한 자유보다 더 소중한 가치가 있는가. 왜인지, 서두에서부터 가슴이 설렌다.

2023. 10.

산정 신익선 識

| Preface |

Maeheon Yoon Bong-gil was killed by a firing squad chained to a cross in Kanazawa, Ishikawa Prefecture, Japan. For me, Maeheon's biography is a classic. I always have the impression that I am seeing Maeheon up close. Perhaps it is because I grew up near Siryang-ri, Maeheon's hometown and still live in Garusil next to Mokbari.

Chunguisa Shrine, a wooden structure built by the late President Park Chung-hee, was dedicated when I was in middle school. As a member of the Maeheon Choir at Deoksan Middle School at the time, I attended Maeheon's first ritual. The short president was obscured by the attendants, and I couldn't see his face until he got close. President Park Chung-hee was not even wearing a tie.

Maeheon's patriotic act in Shanghai stemmed from his belief in 'sasaengchwi', which means 'being willing to die for justice'. The impact was so significant that it was inextricably linked to the establishment of the Republic of Korea. It not only maintained the prestige of the Shanghai Provisional Government, but also sparked independence in the hearts of 20 million people. It was truly a moment of history making for the entire world.

So, what was the young man Maeheon's agony like before he carried out the patriotic act? What was Maeheon's real intention? What did the country, nation, and life mean to Maeheon? With these thoughts in mind, I wrote these poems.

The first book covers his childhood before the brave deed in Shanghai, the second book events from the revolt to his death, and the third book Maeheon's life as a husband, father, poet, peasant activist, and independence fighter.

Maeheon was a young man who adored soil and freedom. The ultimate goal of the heroic deed in Shanghai was the independence of Joseon, the fruits of soil and freedom, and the happiness of the people. Maeheon, a 25-year-old man, willingly carried the cross for this reason. Is there anything more valuable than freedom that comes with growth? I'm not sure why, but my heart is already fluttering.

2023. 10.
Sanjeong Shin Ik-seon

| 차례 |

제1장 덕숭산의 미소

018 _ '내건너' 울음소리　　　The Crying Sound from _ 019
020 _ 도중도의 뿌리　　　　　Roots of Dojoongdo _ 021
022 _ 광현당光顯堂　　　　　　Gwanghyeondang _ 023
024 _ 개투전開鬪田　　　　　　Gaetueon _ 025
026 _ 도중도의 물살　　　　　Dojoongdo's Water Current _ 027
028 _ 여섯 살 때부터　　　　　From the Age of Six _ 029
030 _ 윤봉길의 십대　　　　　Yoon Bong-gil in His Teens _ 031
032 _ 살가지　　　　　　　　Salgagi _ 033
034 _ 저한당 샘물　　　　　　Spring Water in Jeohandang _ 035
036 _ 윤관 장군을 기억하라　　Remember General Yoon Kwan _ 037
038 _ 매헌과 3·1운동　　　　 Maeheon and the March 1 … _ 039
040 _ 소년의 동공　　　　　　Boy's Eye Pupils _ 041
044 _ 조기 국물　　　　　　　Korean Corvina Stew _ 043
044 _ 노곡천　　　　　　　　Nogokcheon Stream _ 045
046 _ 두더지　　　　　　　　Mole _ 047
048 _ 최은구 서당　　　　　　Choi Eun-gu Seodang _ 049
050 _ 오치서숙　　　　　　　Ohchi-seosook _ 051
052 _ 오치서숙의 나날들　　　Days at the Ohchiseosook _ 053
054 _ 목바리 초례청　　　　　Wedding Venue in Mokbari _ 055
056 _ 덕숭산의 미소　　　　　The Smile of Mt. Deoksungsan _ 057
058 _ 매화梅花　　　　　　　 Apricot Flower _ 059
060 _ 매헌梅軒　　　　　　　 Maeheon _ 061
062 _ 시량리 야학　　　　　　Siryang-ri Night School _ 063
064 _ 법단 댕기 한 감　　　　 Beopdan Silk for a Daenggi _ 066

8

제2장 불귀의 아침

070 _ 만공 스님과 매헌의 만남	A Meeting Between Buddhist … _ 071
072 _ 매헌, 낮에는 왼종일…	Maeheon Does Farm Work All … _ 73
074 _ 농민독본 저술	Write Nongmindokbon _ 075
076 _ 홍성유교부식회	Hongseong Confucian Busikhoi _ 077
078 _ 일	Work _ 079
080 _ 부흥원 설립	Establishment of Booheungwon _ 081
082 _ 이혹룡 기자	Reporter Lee, Heuk-ryong _ 083
084 _ 기사년 일기己巳年日記	1929 Diary _ 085
086 _ 도중도 돼지 막사	Dojoongdo Pig Shed _ 087
088 _ 월진회 창립	Foundation of Woljin Association _ 089
090 광주학생운동	Gwangju Students Independence … _ 091
092 _ 출사표出師表	Throwing My Hat into the Ring _ 094
096 _ 매헌, 시 쓰다	Maeheon Writes a Poem _ 097
098 _ 불귀의 아침	Morning of the Day I Die 100
100 _ 경남선 기차	A Train of Gyeongnam Line _ 103
104 _ 청산가靑山歌	Song for Green Mountains _ 105
106 _ 경성에서 경의선 열차를 …	Take the Gyeongui Line Train in … _ 107
108 _ 선천경찰서 수감	Imprisoned at Seoncheon Police … _ 109
110 _ 정주여관	Jeongju Inn _ 111
112 _ 첫 번째 편지의 여백	The Blank Space of the First Letter _ 115
116 _ 두 번째 편지, 역경을 밟다	The Second Letter. Stepping on … _ 120
122 _ 고향에서 온 편지를 받다	A Letter from Hometown _ 123
124 _ 청도 도착, 세탁소 점원	A Laundryman in Qingdao _ 125
126 _ 세 번째 편지	The Third Letter _ 128

제3장 상해의 초승달

132 _ 황익성	Hwang Ik-seong _ 133
134 _ 청도 강습회	Qingdao Class _ 135
136 _ 둘째 아들 탄생소식을 접하다	Hear About the Birth of the … _ 137
138 _ 상해上海	Shanghai _ 139
140 _ 상해의 거처	A Residence in Shanghai _ 141
142 _ 모자 공장 종업원	A Hat Factory Worker _ 143
144 _ 만남	Meeting _ 145
146 _ 상해의 꽃밭	Shanghai Flower Garden _ 147
148 _ 동방공우 30호	Dongbang Gongwoo 30 _ 149
150 _ 만주 한인들의 한숨	Sighs of Manchuria Koreans _ 151
152 _ 상해 임시정부	The Provisional Government of … _ 154
156 _ 백범을 만나다	Meet Baekbeom _ 158
160 _ 한인공우친목회	Korean Workers' Social Gathering _ 161
162 _ 상해 연쇄아파트	Shanghai Yensue Apartment _ 163
164 _ 상해 영어학원	Shanghai English Language … _ 165
166 _ 한인애국단	Korean Patriotic Corps _ 167
168 _ 큰 그림	The Big Picture _ 169
170 _ 고영선	Go Young-seon _ 171
172 _ 나를 써 달라	Take Advantage of Me, Please _ 173
174 _ 큰 뜻	Great Ambition _ 175
176 _ 만보산사건	Manbosan Incident _ 177
178 _ 상해의 초승달	The Crescent Moon of Shanghai _ 179
180 _ 통증을 앓는 문서	A Pain-Stricken Document _ 182

| 차례 |

제4장 찬물 한 그릇

186 _ 산수유 열매　　　　　Korean Cornelian Cherry _ 188
190 _ 행주치마 불빛　　　　The light of the Apron _ 192
194 _ 상해사변　　　　　　Shanghai Incident _ 196
198 _ 춘산春山　　　　　　Chunsan _ 199
200 _ 매헌의 노동 운동　　Maeheon's Labor Movement _ 201
202 _ 의열단　　　　　　　Korean Heroic Corps _ 203
204 _ 야채장사　　　　　　Vegetable Vendor _ 205
206 _ 죽을 자리　　　　　　A Place to Die _ 207
208 _ 나의 꿈을 보오　　　　Pay Attention to My Dream _ 211
212 _ 유촉遺囑　　　　　　The Last Will _ 214
216 _ 손수건의 시　　　　　A Poem on a Handkerchief _ 218
220 _ 나는 목이 메인 목소리로　Getting the Lump in My Throat _ 221
222 _ 청년 제군에게　　　　To the Young Men _ 224
226 _ 윤봉길 의사 선서문　　Yoon Bong-gil's Written Oath _ 228
230 _ 회중시계　　　　　　A Pocket Watch _ 233
234 _ 찬물 한 그릇　　　　　A Bowl of Cold Water _ 235
236 _ 각골 삼베적삼　　　　Gakgol's Hemp Summer Jacket _ 238
240 _ 마지막 편지　　　　　The Last Letter _ 241
242 _ 목숨의 꽃　　　　　　Life Flower _ 244
246 _ 심경心境　　　　　　Mind State _ 247
248 _ 바닥　　　　　　　　Bare Ground _ 249
250 _ 매헌의 손　　　　　　Maeheon's hands _ 251
252 _ 통증　　　　　　　　Pain _ 253

11

| 서시 |

대한의 태극기, 매헌이여

살던 땅 돌아보며 뒤돌아보며 내쏟는 절규인가
옥토 빼앗기고 떠나가는 발부리마다 소쩍새 울었다

소학교 선생들마저 허리춤에 니뽄도 찼다
흰옷 입은 무고한 백성을 예사로 주리틀었다

식민지 옷섶에 제 몸 감춘 대한의 태극기가
어둠에서 어둠으로 숨느라 제 이름도 잊을 캄캄한 밤이었다

예산의 덕산고을 목바리에 한 청년이 있었다

불타오르는 눈매와 떡 벌어진 청년의 어깨,
온몸에서 솟구쳐 올라 천둥 터트리는 청년의 불기둥이
천지를 진동시켜 울리는 반도의 함성,

'대한 남아로서 할 일을 하고 미련 없이 떠난다.'

십자가 형틀에 양손 묶인 형장에서 사자후가 폭발했다
알겠는가, 대한 남아답게 죽을 것이니
내 이마를 겨누는 왜적총구 따위 가소롭다
나는 죽어도 내 두 눈은 결코 눈 감지 않으리라

그 뜻 붉게 타올라 새 나라 하늘길 내는 매헌,
꿈을 버려 꿈을 성취한 대한의 매헌,

영혼 마디마디 부활하라, 매헌이여 대한의 태극기여

* 1932년 12월 19일 오전 7시 40분, 일본 가나자와 교외 육군공병대 사형장에서 매헌이 남긴 유언.

| Prologue |

Korean Taegeukgi! Maeheon!

Was it the scream of scops owls when they looked back at where they had lived?
They cried for every toe that went away after losing fertile land.

Even the elementary school teachers wore Japanese swords around their waists.
They twisted the legs of innocent people in white clothes.

It was such a dark night that the Korean Taegeukgi would forget its name
as it moved from darkness to darkness, hidden under a garb.

There was a young man in Mokbari of Deoksan Village, Yesan.

The young man's burning eyes and broad shoulders.
Fire pillars soaring from the young man's entire body
shook heaven and earth, and shouts rang out across the Korean Peninsula.

'As a Korean man, I did what I had to do and leave without any regret.'

In a sentence tied to both hands on the crucifix frame, he fulminated.
Listen, I'm going to die like a Korean man,
so having the Japanese gun aiming at my forehead is ridiculous.
Even if I die, I will keep my eyes open.

Maeheon's wish burned red and made a path in a new country.
Maeheon of Korea, who gave up on his dream only to achieve it.

Resurrect each and every soul, Maeheon, Korean Taegeukgi!

제1장

덕숭산의 미소
The Smile of Mt. Deoksungsan

'내건너' 울음소리

'내건너' 채마밭 오이, 참외 익히는
유월 햇빛의 붉은 몸이

왼종일 달려와 황혼에 닿는
졸음 짙은 어둠 내린 도중도,

'내건너', 울바자 어스름이 아이를 받았다

초저녁 잠버릇 가진
초가지붕의 잠을 깨우는 소리,

유난히 크다, 우렁찬
울음 울어 목바리 유월 모란,

피처럼 붉은 꽃잎이 아이 감싸자
'내건너' 여울에서 돋아난

개밥바라기별이 새 눈을 부볐다

* '내건너' : 도중도의 최초 명칭이다.

The Crying Sound from Nae-geonneo

The red body of the June sunlight,
which ripened cucumber and Korean melons in kitchen garden
of Nae-geonneo,

reached the twilight running all day long
and then drowsy darkness fell in Dojoongdo.

A baby was born in the dusk of a reed fence in Nae-geonneo.

The sound of waking up the thatched roof
with habits of sleeping in the early evening.

It was unusually loud. Powerful
crying. The June peony in Mokbari.

Soon after the blood-red petals embraced the child
who had risen from the rapids of Nae-geonneo,

the evening star rubbed its new eyes.

도중도의 뿌리

홍수에 뒤덮인 도중도의 땅
이 척박한 대지에
수암산, 덕숭산, 가야산의 혼령이 살았다

겨우 눈뜨고
눈 마주쳐 웃음 짓는 아기,
아기의 걸음마에

목바리가 꿈을 꾸고
어둠을 삼키며 아이의 미간에 내리는

눈 부릅뜬 도중도의 뿌리

Roots of Dojoongdo

Dojoongdo's land engulfed by floods.
In this poor land,
the mountain spirits of Mt. Suamsan, Mt. Deoksungsan, and Mt Gayasan lived.

A baby who has barely opens his eyes
smiles when the eyes meet.
From the toddler's steps,

Mokbari dreams,
swallows the darkness, and Dojoongdo takes roots in the middle of baby's forehead

its eyes wide open.

광현당 光顯堂

섣달 밤이나 여름밤이나
졸졸졸 도중도

물살 졸졸졸 가슴에 흘러들어와

오래 사모한
작은 몸 매무새가
어둠을 감싸면 눈부셔,

너무나 눈부셔서
오데코롱 향수를 감춘 채
비로소 광현당에 내려

파평윤씨 장손,
매헌을 와락 껴안는

물살 졸졸졸 가슴에 흘러들어와

* 광현당 : 충남 예산군 덕산면 시량리 178번지에 있는 매헌 생가터를 이름한다. 매헌은 이곳 광현당에서 1908년 6월 21일 출생하여 1911년 3월 4세, 광현당에서 저한당으로 옮겨와 23세까지 생활하다.

Gwanghyeondang

On a winter night or a summer night,
Dojoongdo babbling.

The water flows into a heart babbling.

When the long-loved
small body
enfolds the darkness, it is dazzling.

With the cologne scent
hidden in the glare,
it finally arrives at Gwanghyeondang

and suddenly hugs Maeheon,
Papyeong Yoon's eldest son.

The water flows into a heart babbling.

개투전開鬪田
- 매헌 조부의 독백

내 손의 힘줄로 꽉 붙잡은 삽날이
칼날보다 더 닳아 없어지도록 이 악물었느니라

뗏장을 한 장 한 장 넘겼느니라

이 악물고 이 악물고 이 악물고 삽으로
황무지를 개간하는 일이
땅 넓혀가려는 욕심만 있어서였겠느냐

이 악물고 수암산 아래, 쓸모없는 땅, 시량리 도중도의 터,

수암산 소나무 서까래 베어
가솔들 살 집만을 지으려 그랬겠느냐
목바리 아기 낳아 기른 생애가
꼭 연명을 위하여서만 그랬겠느냐

개투전, 내가 택호를 그리 쓰는 건
칼날보다 예리한 삽날이 곧 토지라
나도 나대로 신념이 있고 설렘이 있노라

아가, 너를 우의禹儀라 불러라
장차 목바리 삽날이 너를 키울 것이니라

* 개투전開鬪田 : 매헌의 조부인 윤진영尹振榮의 택호이다.

Gaetueon
- Maeheon's Grandfather's Monologue

I clenched my teeth until the blade of the shovel,
which the tendon of my hand held, wore out like a blade.

I took the turfs off one by one.

Was it simply a desire to expand my land
to clench my teeth, clench my teeth hard
and cultivate the wasteland with a shovel?

The useless lot of Dojoongdo, Siryang-ri under Mt. Suamsan. Did I grit my teeth

and cut pine tree rafters in Mt. Suamsan
just to build a house for my family?
Was it only for maintaining life
to give birth and raise children in Mokbari?

Gaetujeon, the name for my house.
This is because the shovel blade, sharper than the knife, is the land.
I have my own beliefs and thrill.

My baby, your name is Ui.
The shovel blade of Mokbari will raise you.

도중도의 물살
- 김원상의 자장가

도중도 양옆을 내 흐른다

두물머리 내 흐른다, 물살이
흐른다, 내 품에 자는

사랑스런 나의 첫 아가야

옥녀봉 기상이 너를 낳아
너를 내 아이로 만들어준 것이란다, 아가
너는 물살로 살아가거라

마음껏 천하를 달려 들판 가라

매죽헌 충의를 벼려
농토 주인인 벼이삭 되거라

* 김원상金元祥 : 매헌의 모친으로 남편 윤황과의 사이에 14남매를 두다.

Dojoongdo's Water Current
- Kim Won-sang's Lullaby

A stream runs on both sides of Dojoongdo.

Two streams flow together to meet in one place. Current flows. Sleeping in my arms,

My Lovely First Baby.

Oknyeobong Peak's spirit gave birth to you
and made you my child, baby.
Live as current.

Run around the world as much as you want and go to the field.

Sharpen your loyalty
to be an ear of rice, owner of the farmland.

여섯 살 때부터

한글의
자음
모음 터득하자

향리의
큰아버지
슬하,
그 시원의 고을에서
크는 붓,

획 긋고
쓰며
천자문이 가진
명鳴,
그 울음을

가녀린
목에
걸었다

* 매헌의 백부인 윤경尹坰을 이름한다. 윤경의 장자, 곧 종형인 순의舜儀와 함께 매헌은 덕산공립보통학교 입학 시까지, 여섯 살에서 열 살에 이르도록 백부 슬하에서 천자문을 수학하다.

From the Age of Six

After learning Korean
consonants
and vowels,

under
an uncle
in the hometown,
original town,
a brush grew.

When drawing a stroke
and writing,
the sound
of the Thousand-Character Text,
a cry,

it hung
on its slender
neck.

윤봉길의 십대

부지런히 농사 지었다

새벽부터 밤 이슥토록
야학을 열고 연극의 등불 밝혔다

고구마 특수재배,
돼지새끼 분양,
마을독서회와 수암체육회를 열었다

꿈은 독수리가 될지라

조선의 혼을 키우는
다랑논이 알곡을 냈다

---

* 윤봉길 : 대한제국 융희 2년, 본관은 파평坡平. 본명은 윤우의尹禹儀. 태사공 윤신달의 31세손으로 1908년 6월 21일, 충남 예산 시량리 178번지(도중도)에서 유월, 한 여름철 오후 8시경, 매헌 출생, 1932년 12월 19일 졸하다. 아버지는 윤황尹堭, 어머니는 경주김씨 김원상金元祥이다.

Yoon Bong-gil in His Teens

He worked tirelessly on farming

from dawn to dusk.
He opened a night school and lit the lanterns of the play.

Special cultivation of sweet potatoes,
Pigling-parceling out,
a village reading club and the Suam Sports Association were established.

He wished to be an eagle.

On rice terraces that raise the spirit of Joseon
grew true grains.

살가지

족제비가 닭 물어갔다. 동네에 혼사나 상갓집이 생기면 이웃 사람들은 보리쌀 됫박, 쌀됫박, 혹은 짚 꾸러미에 계란 열 개를 넣어 축의나 부의를 표했다. 알 낳는 닭이 귀하던 시절, 닭 물어가는 족제비 잡아먹는 짐승이 살쾡이다. 샀, 또는 살가지라고 부르던 살쾡이는 농가에서 최상위 포식자였다.

굳셌다
종아리 맞으며 울지 않았다
목바리 노인들은
매헌을 살쾡이라 불렀다

대치천, 노곡천 두물머리의 새벽 별,
그 초롱한 눈빛

훗날, 왜적의 총구는
끝내
살가지 눈빛을 꺾지 못하였다

* 살가지 : 매헌의 어릴 적 별명이다.

Salgagi

The weasel bit the chicken. When there was a wedding or a funeral in the neighborhood, neighbors would offer barley rice, rice, or a straw package of ten eggs were as a sign of congratulations or condolence. Wildcat ate weasels that ate chickens back when chicken laying eggs were valuable. The farmhouse's top predator was a wildcat known as sak or salgagi.

He was strong.
He didn't cry even when getting hit on the calf.
The old people in Mokbari
called Maeheon a wildcat.

The dawn stars at confluence of the Daechicheonin and
Nogokcheon Streams,
the sparkling eyes,

even the guns of the Japanese invaders
couldn't break the salgagi's eyes
in the end.

저한당 샘물

어디를 파든 단물 솟구쳤다

코흘리개가 넘어져 다쳐도
샘물 마시고 씻은 듯 나았다

옥계봉 샛별이 찰랑거리는
낡은 포대기 끈마저 달콤했다

줄기차게 봄물 길어 올려
스물다섯에 죽을 목숨 달고

저한당 샘물, 단물 솟구쳤다

---

* 저한당祖韓堂 : 매헌이 4살이 되던 해(1911)부터 이곳으로 이사하여 23세(1930)까지 살
았던 곳이다.

Spring Water in Jeohandang

Sweet water sprang up everywhere the ground was dug.

Even if a child with a runny noise fell and got hurt,
he got better right after drinking spring water.

Even the old baby sling strings were sweet,
where rising stars of Okgyebong Peak flutter.

The life to die at the age of 25
constantly drew up water in spring.

Sweet water sprang up in Jeohandang.

윤관 장군을 기억하라

피는 피를 알아본다지요,
얼굴은 몰라도

피를 닮아 그 피의 흔적대로 살아가
피를 찾고
피를 부르며 살아간다지요,

이유 없는 피가 아니라
이유 있는 것이겠지요, 피가
피를 만나 포옹하는

그 순간 전신을 떨게 하는 것이겠지요, 피가

피를 놓지 않고
피가 피를 만나는 게지요

* '윤관 장군을 기억하라' : 매헌의 조부 되시는 윤진영이 자손들에게 이른 교훈이다.

Remember General Yoon Kwan

People say that blood recognizes blood
even though they don't know their faces,

Blood resembles each other and lives following the traces.
Blood looks for each other
and lives by calling each other, they say.

It's not for no reason
but there's a reason for blood. The moment blood
meets each other and hugs.

the whole body shakes. Blood is meant to meet
each other without passing by.

매헌과 3·1운동

한 아이가 한밤중에 자지러지게 울고 있다
두 아이가 한밤중에 자지러지게 울고 있다

그 동거리 옥녀봉에 잠들어 계신 증조할아버지
한밤중에 놀라 벌떡 일어나는 일이 잦았다

한티골 부엉이, 오소리, 두더지, 굴뚝새, 참새도
집 떠나갈 듯 한밤중에 자지러지게 울고 있다

열 아이가 한밤중에 자지러지게 울고 있다
이천만 아이가 한밤중에 자지러지게 울고 있다

매헌은 초등학교 아이 눈으로 울음을 들었다

* 옥녀봉 : 매헌의 출생지인 도중도에서 바라다보이는 충남 예산군 가야산에 위치한 산봉우리.

Maeheon and the March 1 Independence Movement

One child is crying out loud in the dead of the night.
Two children are crying out loud in the dead of the night.

The great-grandfather, who lies at Ongnyeobong Peak,
often jumped up in surprise in the dead of the night.

Owls, badgers, moles, wrens, sparrows in Hanti-gol Valley are
also crying loudly at midnight as if to leave their homes.

Ten children are crying out loud at midnight.
20 million children are crying out loud at midnight.

Maeheon heard with the eyes of an elementary school kid.

소년의 동공

조용하던 덕산 장터에서 돌연 만세소리 울리다
울려 퍼졌다 주민들이 허리춤 칼 뽑아든 헌병을 뜯어 죽일 기세로
몰려들었다 인근 고덕 장터에서는
만세 부르던 조선 백성들 몇 명이 죽어 들것에 실려 나갔다

삼월 중순 지나서도 만세운동은 덕산을 달궜다
예산고을 전역으로 사람이 날아다녔다

사람이 날아다니는 이런 일도 있구나, 동공은
윤우의, 덕산공립학교 소년의 동공은 잠을 이루지 못하다

* 윤우의尹禹儀 : 매헌 윤봉길의 본명.

Boy's Eye Pupils

The sound of hurrah erupted from the quiet Deoksan Marketplace
and echoed. people flocked as if they were going to kill the military police officers who drew out a sword from his waist. In the nearby Godeok Marketplace, several Joseon people who shouted hurrah died and were carried on stretchers.

The independence movement remained hot on Deoksan Mountain even after mid-March.
People were flying all over Yesan.

"It's unbelievable that people are flying around." The eye pupils of Yoon wooeui, the pupils of the boy at Deoksan Public School cannot sleep.

조기 국물
- 매헌, 덕산공립보통학교 중퇴하다

삼월 염천 보아라
삼복더위 보아라

웃통 벗어던지고
밥상머리에 나 앉은
조선 조기대가리

몸도 뼈도 다 내주고
고아 우려낸 진국

조기 국물이 키우는
삼월 염천 보아라

* 매헌은 1919년(12세), 학생 수 200명, 4년제 덕산보통공립학교를 2학년에 이르러 자퇴하다.

Korean Corvina Stew
- Maeheon Drops out of Deoksan Public Primary School

Take a look at hot weather in March.
Take a look at midsummer heat.

Korean corvina head,
which took off its shirt
and sat on the dining table.

Genuine soup boiled
with its body and bones.

Take a look at the March heat
caused by yellow corvina stew.

노곡천

용봉산 서북향 흘러들어
가루실 저수지 이루고는

삽교 신리 석조보살입상의 합장을 듣는다

불 이웃한 법륜사 들러
속눈썹 가만히 내려감고

사람 사는 일이야 몽환 없는 곳 없다

수암산 아랫마을 다녀와
오치서숙 근방을 지나

대치천과 모여 사는 노곡천

* 용봉산 줄기에서 발원하여 시량리 대치천과 합류하는 총연장 2키로 미터의 하천.

Nogokcheon Stream

It flows northwest of Yongbongsan Mountain,
becomes Garusil Reservoir,

and listens to clasped hands of the Standing Stone Bodhisattva
in Sin-ri, Sapgyo.

Again, it stops by the neighboring Beopryunsa Temple
before gently closing the eyelashes.

There is no life without absurd dreams.

It flows down Suamsan Mountain to the village,
passes near Ochiseosuk,
and joins Daechicheon Stream in Nogokcheon Stream.

두더지

이 동네다, 햇살이라고는
전혀 들어오지 않는
음습한 갈대숲 언저리,

내가 마지막 햇살을 마시고 갈 동네다

이 동네에서 땅 일궈

나는 나를 해부하여 갈 거다
불에 덴 상처,

진물 흘러내려도
나는 끝까지 흙 뒤질 거다

내가 살아온 계절아
내가 믿는 나의 흙들아

* 두더지 : 매헌의 할아버지인 윤진영尹振榮의 별명.

Mole

That's here. The neighborhood with no sunlight
coming in at all
near the shady reed forest.

This is the place I'll drink the last sunlight.

While tilling the land in this neighborhood,

I'm going to analyze myself.
Even if a burn scar

weeps,
I'll continue to cultivating the land until the end.

Season in which I have lived!
My Soil, in which I have faith!

최은구 서당

정성 쏟은 분량만큼 붓도 성장한다
줄기 뻗어 갈 것이다

열매 맺기까지는 드센 풍운의 신묘함을 견뎌낼 것이다

농부가 얼음물에 정강이 걷고
정성 다하여 못자리에 뿌리는 씨나락

어린 봉길이

소학교를 자퇴한 봉길이
어머니 강권으로 서당에서 사숙하다

* 최은구 : 혹은 최병대로도 표기하는 시량리 마을의 서당 선생.

Choi Eun-gu Seodang

Your brush will grow as much as you put your efforts into it. Its stem will stretch out.

Until you bear fruit, you must endure the mystery of wind and cloud.

Little Bong-gil

is rice seed which a farmer heartily sows on seedbeds
with his shin rolled up in ice water.

Bong-gil, who dropped out of elementary school,
lives to study in Seodang by his mother's forcible recommendation.

오치서숙

어둑한 밤길 걸어온 산안개가 엄습한다네

서까래 얽어 흙집 짓고 뫼 앉은 마을의 조무래기들도 산안개라네 한문을 가르치는 선생의 담뱃대도 산안개라네 덕산초등학교 자퇴한 아이도 산안개의 엄습에 자신을 맡긴다네 도중도 도랑물과 덕숭산 산그늘, 심지어 천년 도량 수덕사도 산안개라네 고단한 삶의 길을 감춰주는 산봉우리나 울창한 소나무 숲에 휘장을 쳤다가 조금씩 제 모습을 지워가 마침내 무화 되는 부산한 웃음과 떠들썩한 대청마루의 삐걱거림도 고요히 몸을 눕힌다네

지금 오치서숙이 있던 그 자리에서 크던 서당도
코앞 덕숭산 산안개 속으로 도로 돌아갈 거라네

---

* 오치서숙烏峙書塾 : 매헌은 최은구 선생 사숙을 마치고 1921년(14세) 매곡梅谷 성주록成周錄 이 가르치는 이곳에 들어가 1926년(19세)까지 사서삼경 및 고전 시문을 익혔다. 덕산면 둔리에 있다.

Ohchi-seosook

A mountain fog falls as it walks along the dark night road.

Little children in the village sit at the grave after constructing a mud house with tangled rafters, and a cigarette stand of a teacher who teaches Chinese characters are obscured by the fog. And the fog has shrouded a child who dropped out of Deoksan Elementary School. The fog has obscured the ditch water in Dojoongdo, the shade of Deoksungsan Mountain, and even the thousand-year- old Sudeoksa Temple. The fog that puts a curtain on the mountain peaks or dense pine forests gradually erases its trace. Finally, the bustling laughter that comes to nothing and the creak of the noisy Daecheongmaru lay themselves quietly.

Seodang, which was built on the site of Ochi Seosuk, will also return to the fog of Deoksungsan Mountain.

오치서숙의 나날들

입속에서 좀 우둔하다
짧은 혀로 읽는 글소리,

잘 보라, 이것이 실은 목바리 혈맥이다

저한당 적시는 봄비다

사나흘 만에 한 번씩 옷 갈아입으려 들르는
저한당의 여름이다

봄여름이 가면
몸속의 피돌기도 커간다

Days at the Ohchiseosook

It is a bit slow in his mouth
to read because of the short tongue

Look again. This is actually the vein of Mokbari.

It's spring rain that gets Jeohandang wet.

It's summer of Jeohandang that drops to change its clothes
every three or four days.

When spring and summer wear away,
the blood circulation in a body accelerates.

목바리 초례청

　목바리 저한당 울안으로 스며든 청년 있다 태블릿 PC를 켜고 있다, 휴대폰에 뜬 사진 보며 덕산천 부근에 휘황한 무인호텔의 시간 너머로 오솔길 걸어오는 발걸음 아리따운 아가씨가 바짝 곁에서 팔짱을 낀다, 저한당 초가지붕 처마에 살포시 볼 맞추시는가 마파람 달려온 수암산 숲속을 거쳐 이 땅에 남으로부터 살랑살랑 다시 또 새봄이 오시고 있다

　겨우내 목청 키운
　신리 뒷내골 아가씨,

　족두리 쓰고 맞절하는 초례청

　삼월 스무이틀

　남풍 실어오는
　신혼의 목바리 초례청

　배용순,

　나의 연인 나의 아내
　나의 사랑이

　이 봄에 오시고 있다

　* 신리 뒷내마을: 삽교읍 신리의 마을 이름.

Wedding Venue in Mokbari

There is a young man who has slipped into the Jeohandan. He turns on a picture, looking at a picture on the cell phone. Over the time of a dazzling self-check-in-hotel near Deoksancheon Stream, a lady walks beside a man with tripping footsteps and links arms. Is the south wind trying to gently put its cheeks on the thatched eaves of Jeohandang? It comes running through Suamsan Mountain. A new spring is gently coming here again from the south.

The girl who lifted her voice all winter long,
of Shinri's Dwitnaegol Village.

She bows to each other at the wedding table, wearing Korean bridal crown

March 22nd.

The Mobari wedding
brings the south wind.

Bae Yong-soon,

My lover, my wife,
my love

is coming in this spring.

덕숭산의 미소
- 오치시회烏峙詩會를 열다

시詩다, 동짓달 얼어붙을 얼음판의
근육이다, 시 쓰고 또 쓰다

아미의 순정함이 정신의 중심을 뚫고 있다

오치시회 여는 앞밭 콩밭에
콩포기 내는 붓끝마다
둔지미 작은 개울물도랑 가슴팍이 노곡천을 써 가다

바지저고리 입은 조선 사내들
빤히 쳐다보며 웃는 덕숭산의 미소

* 오치시회烏峙詩會 : 오치서숙에서 성주록 선생은 시회를 자주 열었다. 여기서 매헌은 언제나 장원을 차지하였다.

The Smile of Mt. Deoksungsan
- Open Ochi Poetry Meeting

Poetry. On the ice in the mid-winter,
it is frozen muscles. They write poems over and over again.

The purity of eyebrows penetrates the core spirit.

Ochi Poetry Meeting is held, and bean stems with leaves sprout
from each brush tip in the bean patch in front of it,
and the bosom of Dunjimi brook composes Nogokcheon Stream.

Staring at the Joseon men in Korean pants and jeogori,
Mt. Deoksungsan smiles.

매화 梅花

겨우내 삼켜버린 겨울을
떨며 뱉어내는 저한당 선혈

* 저한당祖韓堂 : 매헌이 유년기와 청년기를 살았던 충의사 관내에 있는 집으로, '한국을 건지다' 라는 뜻이다.

Apricot Flower

Jeohandang spits the winter that it
swallowed shivering throughout the winter as a fresh blood.

매헌梅軒
- 성주록 선생의 당부

성주록의 호인 매곡梅谷에서 매梅 자字를 취하고 성삼문의 호인 매죽헌梅竹軒에서 헌軒 자를 취하여 너의 아호를 매헌으로 하라

이 매헌은 살아서는 물론 죽어서라도 너의 이름 대신 부를 것이다

누구보다도 의지가 분명하고 소신이 뚜렷한 너의 호명이다 그러나 반짝이는 눈빛이 인상적인 너는 이 이름으로 하여 장차 네 꿈을 버려야 할 날이 있으리라 네 평생의 소망을 접고 매죽헌처럼 너도 너의 행로에 잉걸불 여로가 준비되어 있을 것이리라

무엇 때문인가 너에게서는 무언가 다른 통곡이 떠오른다

밤잠 설치며 몇 날을 두고 네 호를 지으면서 자주자주 울컥울컥, 울음 솟구쳤다

* 매헌은 1921년(14세)에 오치서숙에 입학하여 1926년(19세)을 떠날 때 스승 매곡梅谷 성주록 선생으로부터 '매헌'이란 아호를 받았다.

Maeheon
- Mr. Sung Joo-rok's Request

Make your pseudonym Maeheon, which combines Mae from Maegok, the pen name of Seongjurok, and Heon from Maejukheon, the pen name of Seong Sam-moon.

Maeheon will be called by your name not only when you live but also when you die.

This pseudonym represents your clear will and conviction more than anyone else, but you with impressive eyes will have a day in the future when you give up your dream because of this name. Like Maejukheon, you will also have to give up your lifelong ambitions and live a life like embers.

I don't know why, but I feel a different wail from you.

I often choked up and burst into tears making up your pen name, staying up all night for a few days.

시량리 야학

배워야 산다
까막눈들 다 모이라 불 놓아
생솔가지 불 놓아

종종걸음 모이는
덕산 고을의 아이들이

수암산의 소나무
가야산의 옥녀봉
대치천의 생명수

배워야 산다
알아야 이긴다

글 덥히는 구들장 뜨거워라

죽을 둥 살 둥
시량리 야학

Siryang-ri Night School

You have to learn to live.
Illiterates, get over here. The fire is set.
Fire is set to undried pine twigs.

The children of Deoksan Village
Who gather walking with short and quick paces

are the pine trees of Mt. Suamsan,
Oknyeobong Peak of Mt. Gayasan,
and life-giving water of Daechicheon Stream.

You have to learn to live.
To win, you need to understand.

Gudeuljang for learning is hot.

Siryang-ri night school
is totally desperate.

법단 댕기 한 감
- 배용순의 회고

부부간에 내외가 극심하다 부부간에 서로 얼굴도 잘 모를 정도였다 첫 딸 안순이를 어찌 잉태하였는지 아이를 어찌 낳았는지 모를 정도의 내외다. 그러나 선명하게 기억한다. 집안 송사(訟事)로 서울을 다녀온 어느 날이다 법단 댕기 한 감을 선물로 사 주었다. 겨울철에 만들어 입는 실크 옷감은 당시로서는 귀한 선물이었다. 나 혼자만 선물 주기가 미안하였는지 시누이에게도 꽃신 한 켤레를 선물하였다.

순경과 형사들의 군홧발,
그 무지막지한 협박으로 생명이 언제 꺼질지 모르는
숱한 날들을
청천의 피눈물이 지켜보는 새벽녘에야
법단 댕기 끌어안고 울었다

치마폭의 어린 종이와 담이가 놀라 울어 통 잠을 못 잤다

니뿐도가 언제 목을 칠지
목을 만지며
아이들을 안고 울었다

윗목 궤짝에서 법단 댕기 한 감도 울었다

* 배용순裵用順(1907. 8. 15.-1988. 7. 10.) : 성주배씨 배성선裵聖先의 장녀 배용순은 윤봉길의 아내이다. 1922년 3월 22일, 15세에 자신보다 한 살 아래, 윤봉길과 결혼하다. 윤봉길과의 사이에서 딸 안순, 아들 윤종(모순), 윤담을 낳다. 1932년 12월 19일, 윤봉길이 일제에 의해서 처형당한 뒤에 시량리에서 시부모를 봉양하며 매헌의 의거 이후 어렵고 힘든 시절을 견뎌내고 1988년, 82세에 서울 자택에서 고종명하다.

Beopdan Silk for a Daenggi
- Bae Yong-soon's Retrospect

The couple kept their distance from each other so strictly that they didn't even recognize each other's faces. Maintaining a distance between men and women was so strick that they had no idea how they conceived and gave birth to their first daughter, Ahn-soon. However, she remembered the day when he had been to Seoul for family law litigation. He bought a beopdan silk cloth for a Daenggi as a present. Silk fabric, which was used for winter clothing, was a valuable gift at the time. Perhaps he was sorry for only giving me a gift. He also gave his sister a pair of flower shoes.

> The military boots of police officers and detectives.
> Lots of days
> when outrages threat the life.
> At dawn when tears of blood from the blue watch,
> she holds beopdan silk for a daenggi and cried.

The surprised young Jong and Dam in her arms cried and she couldn't sleep.

Afraid of when a Japanese sword would slashed her neck, she touched it.
She sobbed cuddling her children.

The beopdan silk in the chest on the cool floor does as well.

제2장

불귀의 아침
Morning of the Day I Die

만공 스님과 매헌의 만남

사당에서 가막고개 육괴정 지나
수덕사 일주문은 지척

대뜸, 주장자 내려치는 울림 하나,

"허공虛空을 가장 무서운 줄 알아야 하느니라"*

심중에 편만한 수천억 개 이상의
자기 형상을 그리는 산의 소리

보이기도 하고 안 보이기도 하는
한 우주와 우주의 합일,

매헌, 수덕사 열어 만공을 듣다

* 만공스님의 법어에서 인용.

A Meeting Between Buddhist Monk Mangong and Maeheon

After passing through Yukgoejeong Pavilion on Gamakgogae Pass from a shrine,
Iljumun Gate of Sudeoksa Temple is around the corner.

Suddenly, the sound of a Buddhist monk's stick striking the ground is heard.

"You should know that nothingness is the scariest"

Hundreds of billions of self-images that fill the heart
are generated the mountain sound,

The oneness of a universe and a universe
that are both visible and invisible.

Maeheon opens Sudeoksa Temple to hear Mangong.

매헌, 낮에는 왼종일 농사일하다*

해 뜨기 전부터다
목에 두른 수건이 땀 흘리다
밭이랑이
헉헉대며 숨차다

해 뜨기 전부터
땀범벅 동녘 햇살 힘차다

농사일하는 매헌의 목물에 두물머리 목계뜰 붉다

* 배용순 여사의 회고담에서 인용.

Maeheon Does Farm Work All Day Long

Even before the sun comes up,
the towel around his neck sweats.
The ridges of a field
are all out of breath.

Even before sunrise,
he is sweaty, and the sunlight is perky.

Mokgye Yard at Dumulmeori, where farming Maeheon takes a bust bath, turns red.

농민독본 저술

내 글은 글이 아니라

나를 떠나가
나 없이 살아가는 생물체,

물안개에 흩어지는 삽질과 낫질의 땅이자
쟁기질이 일구는 꿈

대치천이 서해에 닿는 날

드디어 내 글이
내 책이 불이 되리라

Write Nongmindokbon

My writing is more than just that.

It is a living thing
that exists independently of me.

It's both the land of shoveling and scything scattering into the mist,
and the dream of plowing.

On the day when Daechicheon Stream meets the West Sea,

my writing,
my book, finally will be a flame.

홍성유교부식회

엄동설한 강추위에 고사한
결성 고을 인동초 뿌리들이 뭉치다

얼굴 망가진 유교,
망가진 것으로 부족하여 멸종당한
통한이 일어서는 새벽,

결성 고을을 주춧돌로 화염을 토해내느라

꾸역꾸역 치솟는 연기

청년 매헌은
산마루에 뜬 붉은 해를

서서히 마시며 불끈 주먹쥐다

---

* 유교부식회는 홍주의병장 김복한金福漢(1860~1924)의 유지로 그의 장자인 김은동金殷東과 문인인 오석우吳錫禹·이우식李禹植·김노동金魯東·성원경成元慶·전용욱田容彧 등이 1927년에 홍성에서 설립한 유교진흥 단체였다. 유교부식회는 유교를 진흥시켜 '대공大公' 또는 '대동大同'의 세계 건설과 '시대에 적합한 충의심을 앙양'하는 것을 목표로 하였다. 《인도人道》라는 잡지를 간행(1931년 폐간)했으며, 수시로 강연회를 개최하였다. 청년 매헌은 스승 성주록의 인도로 이 강연회에 참석하여 회원이 되었다.

Hongseong Confucian Busikhoi

The roots of honeysuckle in Geolseong Village,
which withered to death in frigid winter, band together.

Confucianism, humiliated
and almost extinguished,
rises in a bitter grief at daybreak,

Smoke that spews flames on the cornerstone of Geolseong village

rises up in thick clouds.

The young man Maeheon
slowly inhales

the red sun over the ridge
and clenches his fists.

일

황무지를 옥토로 만들어
새벽부터 새벽까지
밭 갈고 씨 뿌려
근근이 밥 굶지 않고 살아가는 것

어린 매헌도
청년 매헌도
피땀 흘려 농사일 하는 것

매헌의 직업은 농사,

내가 내 손으로 피땀 흘려
먹고사는 농사

매헌, 부지런히 일하다

Work

From dawn till dusk,
To live without starving,
he makes barren land fertile
ploughing and sowing.

Even when Maeheon was a child
or young
he toiled and moiled on farming.

Farming is Maeheon's job.

Farming
where he makes his own living.

Maeheon works diligently.

부흥원 설립

깃발이 있다, 깃발이 있다
나아갈 깃발이 있다
펄럭이는 저 깃발이 있다, 깃발의 굉음 있다

일어서라 청년들이여
일어서라 농촌 논밭들이여

소, 돼지, 염소, 닭, 고구마, 감자, 조, 옥수수, 콩밭이여
씨근거리며 숨 쉬는

낟알의 희망과 전율들이여

씨앗이여, 지금은 일어설 때다
힘차게 나아갈 때다

시량리 대치천 물줄기에
행군하는 목바리 함성 있다

---

* 부흥원 설립復興院設立 : 1928년 윤2월 25일(양력 4월 15일 일요일), 매헌은 도중도에 부흥원 상량식을 마쳤다. 농촌계몽운동의 시작이었다.

Establishment of Booheungwon

There's a flag. There's a flag there.
There is a flag to progress.
There's a fluttering flag there. There is boom of a flag.

Rise, Young Men!
Rise, Rural Rice Fields and Patches!

Cattle, Pigs, Goats, Chickens, Sweet Potatoes, Potatoes, Millet, Corn, Bean Fields!
Panting,

Grains of Hope and Thrill!

Seeds, it is time to stand up.
It's time to progress.

Along the wave of Daechicheon Stream, Siryang-ri,
there is a roar of marching in Mokbari.

이흑룡 기자

전혀 드러나지 않지만 불씨,
숨뭉치서 연기피어, 불씨,
작지만 다부진 체격의 불씨,

영혼의 불씨는 불씨를 알아봤다, 불씨,

목바리에서 발화할 불씨,
시조사 기사가 불 집어넣는 불씨,
대한의 태극기를 살릴 불씨,

매헌의 운명이 될 생 다비식茶毘式의 타오르는 불씨,

대한민국을 세울 대한의 불씨,

---

* 이흑룡李黑龍 : 천안 주재의 〈시조사時兆社〉 기자記者이다. 이흑룡은 매헌에게 대한독립군단의 항전소식 등등을 알려주었다. 매헌의 실제 윤남의 고증에 의하면 이흑룡은 시조사 기자이면서 상해 임정 연통제 관계 특수공작원이라 밝혔다.

Reporter Lee, Heuk-ryong

Embers hidden.
Embers that cause a cotton ball to emit smoke.
Embers small but sturdy.

Embers. The spark of the soul recognized the spark.

Embers that will catch fire in Mokbari.
Embers that a report of Sijosa creates.
Embers that will revive Korean national flag.

Embers that will be burning in a cremation rite, Maeheon's fate.

Embers that will set up the Republic of Korea,

기사년 일기 己巳年日記

새날이 부화하는 새벽은 하루의 혁명,
어둠의 형상이 똬리 트는 밤은 하루의 혁신,

가도, 만류치 못하는 것이 세월이다*

도중도의 불타오르는 혈맥아, 들어라
나는 언제 어디서든 결코 쉼 없이 달려가

새로움을 추구하리라, 새로워지리라
청년 정신은 날마다 매헌을 분기시켰다

---

* 매헌의 기사년 일기 서두에서 인용. 이 기사년 일기는 1929. 2. 10. (음력1.1)~1930. 1. 19. 까지만 1년간의 일기이며 대한민국 보물 제568호이다.

1929 Diary

The dawn when a new day hatches is the revolution of a day.
The night when darkness coils itself is an innovation of a day.

It is time that you won't be able to deter when it leaves.

Burning Veins of Dojoongdo, listen.
I will run tirelessly whenever and wherever I can

and be a neoterist to become new.

Every day, Maeheon's youth mind roused him to action.

도중도 돼지 막사
- 매헌, 양돈하다

도중도 부흥원 옆으로 길게 지은 돼지집 있었다

- 나는 돼지를 길러 새끼를 마을에 나눠주어 농가소득을 도모하였다. 어린 돼지가 모돈으로 성장하여 새끼를 낳으면 이웃에게 다시 분양해주는 조건을 달고 새끼 돼지를 나눠주었다. 양돈의 시작하였다. 경이로운 일이었다. 새끼 돼지를 나눠주고 새끼들이 성장하여 어미 돼지가 되자 나는 아버지가, 돼지들의 아버지가 된 느낌이었다. 배가 불러왔다. 시량리 마을 주민들이 희망이라는 꿈을 갖는 일, 소득이 높아지는 일, 작지만 소박한 대치천의 염원도 그런 것 아니겠나?

내가 양돈을 본격적으로 시작한 이유는 그것이다

Dojoongdo Pig Shed
- Maeheon Raises Pigs

There was a long pig shed next to Buheungwon of Dojoongdo.

- I planed to raise pigs and distribute piglets to the villagers to increase farm income. I gave piglets on the condition that a piglet should be given to another neighbor after they breed. That's why I started raising pigs. Something amazing thing occurred. When the distributed piglets grew up and became mother sows, I felt like the father of the sows. I felt full. Wasn't it the simple wish of Daechi Stream that Siryang-ri villagers would have hope, and their farm income would increase, I thought.

That was why I buckled down to raising pigs.

월진회 창립

서로 소통하고 뭉쳐야 한다
서로 이해하고 합쳐야 한다

똘똘 뭉쳐
청년들이 똘똘 뭉쳐 주야로 흘리는 결의에 찬 피땀의 함성 보라

오직 그것만이
그것만이 청년의 힘이다

대한독립의 동력,
아이들의 기름진 터전,

서로 격려하며 굳세야 한다
서로 사랑하고 믿어야 한다

Foundation of Woljin Association

We must communicate and band together.
We need to understand each other and work together.

Look at the blood and sweat screams that united young people
in closing ranks day and night.

Only this is,
only this is the youth's power.

It is both a dynamic force for Korean independence
and a thriving living environment for children.

We need to support one another and be strong.
We must love and trust one another.

광주학생운동

떠날 것이다 젖무덤 젖내음 고향 낮달이
유년의 고샅에서 나를 떠나보낼 것이다

황야의 폭풍우 속에서 기꺼이
기꺼이 목숨 고꾸라질 독배 들이킬 것이다

물 건너에서 기어온 놈에게 죄 없이
낙엽 싸대기 불나게 얻어터지며 코피 터진 순정한 식민지 조선의 추락
낙엽 떨어진 자국마다 새잎 뿜어 올리는

봄이 오면
기 펴고 나를 뿜어 올릴 것이다

미친 듯 주먹 들어 내가 나를 내려칠 것이다

학우여, 빛고을 광주의 여학생 학우여

* 광주학생운동 : 일본인 학생이 조선 여학생을 희롱한 데서 비롯된 일로서 학생들이 주도한 운동이다. 1929년 11월 3일 광주에서 시작된 학생들의 항일 투쟁은 사회, 청년 단체들의 적극적인 참여 아래 전 민족적인 독립운동으로 전개됐고, 간도와 일본을 비롯해 국외로도 확대됐다. 이것이 학생운동사상 기념비적인 사건으로 기록되는 광주학생운동으로, 3·1운동 이후 최대의 민족운동으로 평가받는다.

Gwangju Students Independence Movement

I will leave. The bosom, the smell of breast milk, and day moon
will let me go from the narrow alley of my childhood.

In the stormy wilderness, I'd gladly
drink a poisoned chalice to death.

The innocent guy who had got across the water
was slapped like crazy, which meant the fall of pure colonial
Joseon.
In spring

when fresh buds sprout on the spots where leaves fell,
I will spout out myself without care with high morale.

I will bash myself wildly with my fist.

Dear fellow student, the girl student of Bitgoeul Gwangju.

출사표 出師表

처음 열린 하늘과 땅의 불기둥으로 간다

단군왕검의 평양성에 펼친 신시神市,
내 흉중을 타개어 홍익인간 깃발 꽂고

임존성 백제 할아버지들이 운명하며 꿈꾸던 자유,
동학의 피가 흘린 만민평등의 깃발,
3.1운동이 보여준 자주독립의 가치를 묶어

무릇 '장부출가생불환丈夫出家生不還'이다

양력 삼월 초엿새날 새벽의 통곡을 모아
민족의 위대한 승리를 견인하는

자유대한의 뭇 영령이 주시는 신령한 음성을 듣는다

굳건히, 굳세게 나는 이 길을 가리라
이기고 지는 것이야 내 알 바 아니다*

처음 열린 하늘과 땅의 진격 나팔소리
간다, 나아간다, 민주주의를 위하여 나간다

* 장부출가생불환丈夫出家生不還 : 매헌의 글에서 인용. 이 문장은 매헌의 출사표였다.
* 제갈량의 후 출사표後出師表, "신국궁진력 사이후이 지어성패리둔 비신지명소능역경 도야臣鞠 躬盡力 死而後已 至於成敗利鈍 非臣之明所能逆竟睹也"에서 인용

Throwing My Hat into the Ring

I am a firestorm from the beginning sky and earth.

In Pyongyang city built by Dangun Wanggeom,
I split my chest to place the humanitarian flag.

After tying the value of the freedom that dying grandfathers dreamed of in Imjonseong Fortress,
the flag of pantisocracy for which Donghak movement shed blood,
and the independence demonstrations of March First Movement,

I'll not come back alive until my will as a man is fulfilled.

On May 6, I hear the holy voices of the Korea gods
gathering the dawn's wailing

to drive a great victory for the nation.

I will proceed confidently and unafraidly.
It's not my concern whether I win or lose.

There is a marching bugle call of the beginning sky and earth.
I go. I'm going. I'm going for democracy.

매헌, 시 쓰다

하여튼 땅에 땅을 썼다
자신에게 자신을 그려
퇴비 뿌린 흙살에 자신의 형체를 소멸시킨다

스스로 썩기를 갈망하며

잘 자라고 튼튼히 열매 맺기를 염원하여 미친 듯

땡볕 아래 제 몸 썩혀
땅으로 들어가
땅속 뿌리를 먹여 살린다

십대 청년 매헌,
신들린 듯 정신을 썼다

Maeheon Writes a Poem

He wrote the ground anyway.
Draw yourself and destroy your shape on the composted soil.

He craves to rot on his own and hopes to grow well and bear strong fruits.

I rot my body under the scorching sun and go into the ground to feed the roots of the ground.

Teenage Maeheon
engrossed in his thought.

불귀의 아침

그럴 걸
이왕지사
집 나왔다가
귀환하지
않을 양이면
한 번 더
으스러져라

부서져라
아기와
임신한 아내
껴안고
으스러져라

꼭 껴안고
시량리
집 나올 걸
그럴 걸
……

(덕산 삽교 간 신작로가 아닌 덕산천변 길을 걸어와 단숨에 삽교역에 도착하고 보니, 아니, 이거 망상妄想이오? 도로 시량리 내 아내, 당신 곁으로 다시 한걸음에 달려가고 싶은 마음이 들었다오. 한걸음에 시량리로 도로 달려가서 잠들었을 두 살배기 아이, 종이, 사랑스런 내 아내, 용순을 동시에 껴안고, 그리고는 당신 옆에서 그냥 촌사람으로 묵묵히 늙어 그냥 촌 늙은이로 살아가는, 그런 숨죽인 열망을 보았소. 시량리 당신 곁으로 도로 달려갈까, 시량리 고샅으로 갈까, 내 부모형제, 내 아들과 내 아내가 사는, 시량리 당신 곁으로 달려갈까 헤아리는데 어느새 삽교역사에 경남열차가 당도하여 기적을 내뿜소. 국가와 민족이라는 거대 담론이 아닌 내 아들과 내 아내라는 소박한 소재로 만족해하며 빙그레 미소 띤 나와 당신이 허공에서 서로 부둥켜안고 있었소. 삽교 역사를 빠져나와 경남선 기차에 오르며 아, 이제는 고향이라는, 당신이라는 동경이 멀어져가는구나, 너무 멀어지는구나, 모태에서 나를 길러준 수암산은 이제 영원히 사라지는구나, 아아, 불현듯 잠든 아이와 당신 그리워져, 미치도록 그리워져서… 냅다 다시 목계천변지나 수암산 집으로 달려갈까… 중절모 벗어 얼굴 가리고는 막 흐느꼈소)

* 불귀不歸의 아침 : 매헌 23세. 1930년 3월 6일의 일이다.

Morning of the Day I Die

Why did I do so?
Anyway,
I had no intention
of going
back home.
I should have

tightly

held
my baby
and pregnant wife
one more.
After hugging

them even tighter
in Siryang-ri,
I should have
left home.
...

경남선 기차

결국 운명일 것이다

승차하여 올라가는 경성
스쳐 지나갈 뿐
내가 머무를 곳 아니다

내가 모르지만 나의 시간은 나를 싣고 갈 것이다

나도 모르는 나의
내일의 비밀,

결국 귀향도 알 것이다

* 경남선慶南線 : 대한민국 경상남도 창원시 마산회원구 석전동 마산역과 경상남도 진주시 강남동 진주역을 잇는 철도 노선이다. 1925년에 개통된 이후 1931년까지 남조선철도주식회사가 운영했지만, 1968년에 광주 진주 간, 경전선 노선이 완공됨에 따라 경전선에 통합되었다. 1930년 3월 6일, 매헌이 승차한 철도는 이 경남선이다.

A Train of Gyeongnam Line

In fact, this is fate.

Gyeongseong, to which I take the train.
This is a place I'll pass through
rather than stay.

Time will take me away before I know it.

It will be aware of my tomorrow
which I am unaware of,

and, finally, my homecoming.

청산가 青山歌

男兒立志出鄉關　남아가 뜻을 세워 고향을 나섰으니
學若不成死不還　배움을 이루지 못하면 죽어도 안돌아오리
豈期埋骨墳墓地　하물며 뼈를 묻을 땅을 어찌 기대할 것인가
人生到處有靑山　가는 곳곳마다 푸르른 산이 있도다*

푸른 산이 있고
산의 소나무가 사는 한

불타오르는
나의 혈맥은 요동치리라

만난萬難이여,

어서 속히 내게 오라
나가는 곳마다 청산이다

내가 청산이다

* 매헌 한시에서 인용

Song for Green Mountains

As long as there is a green mountain
and pine trees live on it,

my burning
veins will move violently.

All Difficulties,

rush to me.
There is a green mountain where I go.

I'm a green mountain.

경성에서 경의선 열차를 타다

경성에서 경의선 철도에 올라
의주행을 하려는 매헌은 열차에서 불심검문을 받다

딱 부러지게 행선지를 대답 못하자
일본경찰은 매헌을 하차시켰다
정주주재소 끌려갔다가 정주여관에 숙박하다
여관에서 광복 전선의 정세를 들었다

뜨거워라, 스물셋의 예산 청년 혈맥

용광로보다 뜨거운 시량리 불기둥으로
대한의 불길로
불기둥으로 타오르다가 처연히, 일순간에 스러지는

스러짐으로 창조하는 역사가

새롭고 뜨거우며 무한 신비로운
평안북도 정주의 신새벽을 목도하였다

* 경의선京義線 : 서울에서 신의주를 연결하는 철도. 서울京과 의주義州를 연결한다고 하여 '경의선'이라는 이름이 붙었다. 신의주는 경의선을 부설하면서 의주의 일부에 새로 조성된 도시이다. 총연장 499km. 1904년 용산~개성 구간 공사를 시작하여 1906년 전구간이 개통되었다. 1911년 압록강 철교의 개통으로 만주까지 연결되어 우리나라 최초로 국제 철도의 일부가 되었다. 분단 이후 경의선 구간 중 남한과 북한으로 나뉘었으며, 남한은 서울 문산 간 46km를, 북 한은 개성 신의주 간 411.3km를 운행했다.
* 정주여관에서 김태식 등을 만나다.

Take the Gyeongui Line Train in Gyeongseong

Maeheon, who got on the Gyeongui Line train in Gyeongseong for Uiju, was questioned by patrolmen.

Unable to answer his destination with confidence,
Maeheon was forced off the train by the Japanese police.
He was taken to Jeongjoo Police Substation. Later, he stayed at Jeongjoo Inn.
At the inn, he learned about the situation of the liberation front.

It was hot. The blood vessels of a 23 year old Yesan man

burned into a Siryang-ri pillar of fire, hotter than a blast furnace, into Korean fire.
The fire pillar suddenly sunk down.

A history created by its disappearance

witnessed a new dawn in Jeongju, North Pyongan Province, which was new, hot, boundless, and mysterious.

선천경찰서 수감

열차에서 편지를 들킨 탓으로
매헌은 선천경찰서에 보름여를 수감된다

죄를 찾지 못한 일경은 매헌을 방면,

선천 소재 정주여관에 몸 뉘다

Imprisoned at Seoncheon Police Station

Maeheon was detained at the Seoncheon Police Station for about 15 days for a letter being caught on the train.

The Japanese police that couldn't find an allegation, let Maeheon go.

He lay down at the Jeongju Inn in Seoncheon.

정주여관

집을, 고향을 떠나와도 고향은
내 어린 것, 종이를 두고 떠나온 고향은

낯선 땅 낯선 잠자리에도
아랑곳하지 않고 자장가 불러준다

어디서든 어린 종이가 훤하다

창밖에 어둠이 졸고
갈까, 불안과 호기심을 데리고 떠나온
고향으로 곧 돌아가,

날 밝으면 정주여관을 떠나가 도로,
돌아가 되돌아가 아내와

부모님 모시고 농사지으며 살까

Jeongju Inn

My hometown, my home where I left,
my hometown where I left little son Jong behind

sings a lullaby
ignoring a strange place or a strange bed.

No matter where I am, I feel like my little Jong is right in front of me.

Outside the window, the darkness is dozing off.
Should I go? Should I return to my hometown
where I left with anxiety and curiosity?

Should I leave the Jeongju Inn when day breaks
nd go back? Should I farm with my wife

and parents?

첫 번째 편지의 여백
- 평안북도 정주여관에서 고향 어머니께 쓴

*자식 사랑하시는 어머니에게

어머니! 부르기는 하였으나 죄송하와 무엇이라고 여쭈올 말씀이 갑자기 나오지를 아니합니다. 〈갈뢰〉안녕히 다녀오셨어요. 그야말로 매부 간선하러 멀리 왔으나, 매부는 고를 수 없습니다. 하……. 어머니, 이 소리를 들으시면 어처구니가 없어 웃을 반 울음 반 가슴이 답답하실 것이올시다, 외람히 딴 사상을 가지고 집 떠난 이 자식은 고향이 그리워 멀리 창창한 남천을 바라보고 저의 가는 길(목적지)을 중지하였습니다. 남아의 이지로 목적지를 당도치 못하오니 얼굴이 붉어져서 쓰는 연필이 바를 떨리어 놓았습니다, 제가 집을 떠나던 날부터의 일기올시다.

7일(음)날 삽교역에 이르러 몸을 경남선에 던지고 경성까지 왔다. 그것은 나의 사정을 종제인 신득이를 만나보고 부탁하려던 것이 뜻과 같지 못하여 신득이는 어디를 가고 없었다. 하루가 바쁜 나는 몸을 경의선에 실었다. 밤새도록 기차는 쉬지 않고 전속력을 다하여 9일 오전 9시경에 평북 선천역에 당도하였다. 그때 나는 마침 황복성씨에게 편지 한 장을 쓰는데 그 가운데 이러한 말을 하였다. 「현하 청년의 할 사업은 이것이겠지요. 그러므로 제는 넓고 넓은 만주 벌판에 자유스럽게 뛰어 놀까 하노라.」 편지 쓰기 끝나기 전에 기차 안에서 차표 검사를 한다. 조사원은 나의 차표를 보고 얼굴을 물끄러미 쳐다본다. 그 뒤에 「신의주에 무엇 하러 가느냐?」고 묻는다. 나는 거짓말로 「성명은 윤천의, 거주는 신의주부.」라고 하였다. 「신의주부는 무 슨 정이냐?」 이 말에 이르러 처음 오는 나로서는 정 이름을 알 수 있나. 어름어름할 즈음에 몸수색을 한다. 쓰던 편지가 튀어 나왔다. 형사는 급히 따귀를 붙인다. 주소와 직업을 기록한다. 나는 반항을 아니 할 수 없다. 「때리기는 왜 때리냐? 조사도 확실히 아니하고 사람을 왜 때리냐? 이게 무슨 무리한 경관의 행동이냐?」 형사는 또 따귀를 붙인다. 이 말은 그만하겠습니다. (……) 그 뒤로 안뚱 가다가 또 취조를 당한다. 아, 별놈들! 머리 깎은걸 다 말한다. 지루하여, 그만 끝.

그리고 정주여관에서 유숙하고, 신득에게 편지하고 회답을 기다렸다. 그때에 자연 여관에 있는 김태식 씨와 인사를 하여 정이 들게 되었다. 씨는 대 그 사람과 사정의 통사정을 하게 되었다. 나의 형편을 듣더니 씨는 놀란다. 남의 장자로서 그런 희생적 생활을 할 수 있는가? 오해라고 말을 한다. 그대의 마을이애 물론 현하 청년의 당연한 일이지마는 인자의 도리를 생각하라고 한다. 그는 차자라고 한다, 지나에 대한 내용과 ○○단의 내막을 일일이 말하며 군은 불가하다고 만류한다. 이 말도 지루하여 그만두겠다.

동 유숙에 있는 선우옥씨는 40세다. 씨는 부호자이며, 씨의 동족은 자기집 근처에만 백여 호라한다. 그는 또한 나의 목적을 묻는다. 대답할 목적이 없는 나는 강잉히 그 말을 하였다. 처음에는 찬성을 한다. 그 뒤에는 나의 가정 형편을 묻는다. 듣더니 또 놀랜다. 그리고 아까 김태식 씨와 같이 말이 나온다, 그리고 자꾸 귀가하라고 한다, 나는 그 말에 주저하였다. 열 번 찍어 안 넘어 가는 나무 없다고 도리어 가정이 그리워졌다. 씨는 부호자이므로 자기의 집의로 가자고 한다. 갈 수 없는 형편을 말하니까 자기가 구직을 해 줄게 있을 터이냐고 묻는다. 나는 나의 소원이 그게 아니라고 말을 하였 다. 씨는 자꾸 권한다. 신의주부 산업조합 서기로 가라고 한다. 나는 또 소원이 아니라고 말을 하였다. 자꾸 안자지도리를 말하며 권한다. 마지못하여 승낙하였다. 이것도 지루하여 기록치 못하겠어요.

조합에서 보증을 세우라 하니 아버지의 승낙서와 저의 호적 초본과 재산증명서, 즉 토지대장등본을 해 보내주소서. 신용이 있으려면 토지가 많은게 좋습니다. 백부 명의로 하여도 좋습니다. 토지대장등본에 관하여는 별로 의심이 없을 것 같사오니 십분 하량하시고 속히 부송하시압.
　무엇학교 출신이 아니니까 중대한 서기는 못 될 터이니. 아직 월급도 작정치 못하였습니다. 양 4월 1일부터 쓰겠다고 합니다.
　의복은 김태식 씨가 한 벌 주어서 입었습니다. 씨는 그 많은 사람에게 다분의 동정의 잘합니다. 나의 신용이 타락될까 하여 부모 몰래 나왔다고 아니하였으니까 편지 회답에 별로 꾸지람 마시고 객지에 몸 편히 있다니 반갑다는 회답해 주시오. 이 편지를 남몰래 쓰느라고 말도 안 되고 글씨도 우스우니 잘 이해하여 보시옵소서. (아이 참, 동무에게 편지 한 장도 못하니 내 취직하면곤 곧 하겠지. 아직은 덮어두고 나의 목적지를 당도치 못한 사람이 부끄러 할 말이 있어야지. 월급은 가령컨대 최새 40원, 최하 20원이니까 거 기 중할 터이지. 쓰고 보니 참 우습군.) 이것이 무엇이야. 잘 좀 못 쓰고 이 것 지저분하니 보실 수 있나. 훗번에 잘 하지요. 참 나의 성명의 윤봉길이라 고 하지요.

대치천이 흘러 서해의 몸 안으로 스미듯이
마음도 흘러갑니다, 아침에
고향집을 나와 정주경찰서에서 취조받고는 날 저물어
고향으로 달려갑니다, 꿈이 아니라
광분과 울혈로 채워진 혈관 어느 곳에서
만주벌판 달리는 야생마가 뛰고
부모형제와 처자가 기다리는 시량리로
마음도 흘러갑니다, 밤이면
이렇게 고향을 갔다 오곤 합니다, 어머니

* 매헌이 정주여관에서 시량리 어머님께 발송한 첫 번째 편지 전문

The Blank Space of the First Letter
- A Letter Maeheon Wrote to His Mother at Jeongju Inn in
  Pyeonganbuk-do

Just as Daechicheon Stream permeates the body of the West Sea,
my mind flows. In the morning,
after leaving my home house, I was interrogated at the Jeongju
Police Station. after dark, I dashed to my home. In not a dream,
but somewhere in the blood veins filled with frenzy and anger,
a wild horse running on the Manchu field gambles,
and my heart rushes to Siryang-ri,
where my family is waiting. Every night,
I'd pop out to my house like this, Mother.

두 번째 편지, 역경을 밟다
- 중국 칭따오에서 고향 어머니께 쓴

*사랑하는 어머니에게 올림
　가을바람에 떨어지는 단풍잎을 바라보며 왕사를 회고하니 새삼스럽게 세월 빠른 것을 느끼게 됩니다. 따라서 어머니의 하서를 복독하오니, 구구절절 훈계하신 말씀 전선에 소름이 끼치고 뼈끝까지 아르르하여지며, 인정 없는 이놈의 눈에서도 때 아닌 낙수물이 뚝뚝…… 그러고는 잠잠이 앉아 경과사를 되풀이하여 봅니다.
　① 내가 아동에게 애학 가르칠 때에 아동측에서는 금년도 학예회를 열자고 소원하는데 내 결심한 바 있어 차차로 미루고 준비를 하지 안 했고
　② 2월 6일에 어머니께서 갈뫼 가실 때에 종형 상점에 오시었기에 나는 미리 다른 생각이 있었으므로 수건 1건과 과자 조금을 외상으로 나마 사서 드렸고,
　③ 7일날 아침 머리방에서는 나올 때에 모순이를 꼭 끼어안았다 놓으며「모순아, 잘 있거라.」하니까, 옆에 있던 임의는 나를 보고「오빠, 빈덕핀다.」고 하였고,
　④ 안방에 가서 쌍봉의 작은누이를 다시 한 번 보았고,
　⑤ 부엌에 가서 할 말이 없었으므로 물 한 그릇을 청하니 빙긋 웃으며 물을 준다. 나 역시 냉소로 받아다가 놓고 두었고,
　⑥ 사랑으로 향하려 할 때 아버지께서 건 쓰신 머리를 문밖으로 내어놓으시고 한 손으로 담뱃대를 붙잡은 채 줌방을 짚으시고, 내게 대하여 매부 간선의 요점을 말씀하시는데 나는 좀 냉정한 어조로「네네.」하고 허위의 대답을 하고, 문밖을 나서 집 주위를 휘둘러보며 '

잘 있거라'는 의미로 짐짓 미소를 지었다. 이만하면 나의 출가 당시의 맹목적이 아니었음이 승인될 것이다. 천사 만처하여 보았으나, 〈현대 경제 고통은 점점 커 가는 반면 우리 가사는 점점 어려워진다.〉 이것이 어느 놈의 행동인가? 나는 이것이 역경을 밟으려는 결심의 효시였다. 두 주먹으로 방바닥을 두드리며, 항상 혼자 부르짖었다. 「사람은 왜 사느냐? 이상을 이루기 위하여 산다. 이상을 무엇이냐? 목적의 성공자다. 보라, 품은 꽃이 피고 나무는 열매가 맺는다. 만물의 영장인 사람, 나도 이상의 꽃이 피고 목적의 열매가 맺기를 자신하였다. 그리고 우리 청년 시대는 부모의 사랑보다, 형제의 사랑보다, 처자의 사랑보다도, 더 강의한 사랑이 있는 것을 각오하였다. 나의 우로와 나의 강산과 나의 부모를 버리고라도 이 길을 떠나간다는 결심이었다.

어머니, 어머니. 어머니 말씀대로 지금 집안 사정에 의하여 귀성한다면 이불초 봉길이 할 일이 무엇이겠습니까? 암만 생각하여 보아도 할 사업이 없을 것 같습니다. 저도 객지에 나와 다소 곤란을 겪는바, 〈이러저러〉 하는 농촌에 많은 동경이 있습니다. 그러나 우리 전답을 가지고 임하는 분 한 사람 두었으면 아버지께는 넉넉히 하실 터인데, 우리 집뿐만 아니라 경제적 살기가 다각적으로 비치는 우리 조선 사람의 생활 안정을 누가 능히 할 수 있을까요. 그러므로 최후 결론은 저도 역경에 분투하는 몸이라 운명설을 절대 부인하고 싶으나, 과거의 역사를 보아 운명설을 전혀 부인할 수도 없으니, 모든 것을 다 운명에 맡기시고 안심하시기를 복망이옵나이다. 종이는 있어도 봉투가 부풀득하여 이만 끊습니다. 아버지 발 병환과 댁내 안후도 묻삽지 못하였나이다.

어머니,
어떻든, 어떻게든
살아가는 것,
살아 있는 것이

제가 살아 있는 것이
어머니 마음임을
어찌 모르겠어요

어머니
살아서, 죽지 않고 살아서
다시 만나는
어머니 치마폭이
어찌 그립지 않겠어요

어머니
살아 있다는 말,
그 한 마디 이외의
다른 말들이야
의미 없음을 잘 알지만
역경에 굴하지 마라

네 일생을 걸만한 길이다
허사가 아니다
대한의 청년이
꽃 피우는 일이라
죽어도 빛난다

그리 생각해 주세요
어머니

* 매헌이 중국 칭따오에서 보낸 편지 전문.

The Second Letter. Stepping on Adversity

- A Letter Written by Maeheon in Qingdao, China to Mother at
  Hometown

Mother,
how could I
not know
your wish
that without dying,
I should be alive
no matter what happens.

Mother,
how could I not want
to still be alive
and be in your arms
again.

Mother,
I know very well
everything is meaningless to you
except the fact
that I am alive.
However, please consider it

worth risking my life

to avoid giving in to adversity.
It's not in vain. It's a job
where a Korean young man can blossom,
and it will shine even after death,
Mother.

고향에서 온 편지를 받다
- 어머니의 편지

암만해도 못 살 듯싶어
울고 또 울기를 반복하였다

도저히 현실이 아니어서
종이를 껴안고, 종이 꼭 껴안고
밤새 잠 한 숨 못 잤다

나는 네 속마음을 안다

네 편지 글귀는 울음,

두 어린 것을 위해서라도
다 모두 다 접어두고
한 번만이라도 다녀가 다오

내게 네 얼굴을 보여다오
속히 돌아와다오 제발

A Letter from Hometown
- Mother's Letter

I cried and cried
because I didn't think I'd be able to live.

I couldn't bear the reality,
so I hugged Jong, hugged tightly
and couldn't sleep well all night.

I understand what you're thinking.

The words in your letter filled with sobs.

For your two children
set aside everything
and pop out home just once.

Show me your face.
Come back soon, please.

청도 도착, 세탁소 점원

연년생으로 둔 갓난아이 둘 남겨놓고
이십 대의 상해 세탁소 주인이 죽었다

세탁소 화재에 화상으로 운명한 것이다

또래 청년들이 관을 묻고 나서
두어 달 지나서 청상이 문을 열었다

세탁소 새 종업원 청년은 열심히 일했다
고단해도 일 끝나면 책을 읽었다
노상 옷 수선하면서 점차 둘은 친해졌다

아이 둘 딸렸어도 청상은 맘이 설렜다

그런 청년이 신사복 입고 세탁소를 나갔다
상해를 그리던 청년은 상해로 가고

도리질하면서도 여인은 눈물 흘렸다

* 청도에 도착하여 매헌은 세탁소점원 생활을 하며 여비를 벌다.

A Laundryman in Qingdao

The owner of the Shanghai Laundry, who was in his 20s,
died, leaving behind two little babies a year apart in age.

He died of burns caused by a fire in the laundry.

A couple of months after young men of his age coffins buried,
the young widow reopened.

The young new clerk in the laundry worked hard.
Even though he was tired, he read a book after work.
While mending clothes together, the two gradually became close.

Even with two children, the young widow fluttered.

The young man wore a suit and left the laundry.
The young man who longed for Shanghai went to Shanghai,

Shaking her head, the woman shed tears.

세 번째 편지
- 칭따오에서 어린 아들에게 쓴

*청도에서 어린 아들 종淙에게

종아! 재롱 많이 하고 사랑 많이 받아라. 네가 정말 두순斗淳에게 대하여 「너는 아버지가 있으니까 좋겠다.」도 하였니? 4세 해동孩童으로 그러한 감이 있다면 그야말로 동정 많은 부답생초不踏生草 기린아요, 감각 많은 신동아神童兒다. 사회·경제·정치, 이것은 발생학적 순서다. 그렇다. 현실적 통제 관계에 있어서 이 순서는 전도되었다. 경제는 사회에서 나서 사회에 따나 사회를 지배하고, 정치는 경제에 나서 경제에 떠나 경제 위에서 경제를 지배하고 있다. 따라서 현대 인생의 변환도 그러하다. 부모의 혈계로 나서 부 모를 위하여 노력함이 허언이 아니다. 사실상 부모는 자식의 소유주가 아니요, 자식은 부모의 소유물이 못 되는 것은 현대 자유계의 요구하는 바이다.

종아! 너는 아비가 없음이 아니다. 너의 아비가 이상의 열매를 따기 위하여 잠시적 역행이지, 하년 세월로 영구적 전전이 아니다. 그리고 모순이는 눈물 있으면 그 눈물을, 피가 있으면 그 피를 흘리고 뿌리어 가며 불면성의 의지력으로 훈련과 교양을 시킬 어머니가 양으로 만고 영웅 나뽈레옹과 고명의 발명가 에디슨, 동양으로 문학가 맹가가 있다. 후일에 따뜻한 악수와 따뜻한 키스로 만나자.

아마득하여라
아아, 아득하여라,
네 얼굴 보여

고개 숙여
네 모습 앞에서
아비는

이 아비는
눈물 닦기 일쑤지만

네 얼굴에 뜬
별 움켜잡아도

너는 안 보이고

아득하여라
내 꿈 종아,
어디에 있느냐

* 윤봉길 편지에서 전문 인용

The Third Letter
- A Letter Maeheon Wrote in Qingdao to His Little Son

I am at a loss.
Ah, I'm at a loss.
When I see your face

in front of me,
I, your father,
lower my head,

and I always
wipe my tears.

Even if I grab the star
above your face,

you're nowhere to be found.

I'm at a loss.
My dream Jong,
where are you?

제3장

상해의 초승달
The Crescent Moon of Shanghai

황익성

칭따오의 아침을 기억 한다 내 혼이
칭따오가 정성을 말하련다

불안감과 호기심이 이불깃 짓누를 때,
그 아침에 한 사내가 세숫대야에 따숩게 덥힌 물을 들고 왔다
나보다 한 살 아래의 사내가
내 세숫물을 방 윗목에 들여다 놓다

세수하면서 마음 눈물 한 방울이 떨어졌다
어디까지나 생생한 사실이다

진심은 멀리 있는 별이 아니다

초면인 데다 낯선 나를 품어준 손길,
몸가짐 바로 하여 감사를 드렸으나 잊지 못한다

칭따오의 아침과 감동을 잊지 못한다

* 황익성 : 매헌이 칭따오(청도)에 도착하였을 때, 매헌을 도와주고 힘이 되어준 칭따오 청년.

Hwang Ik-seong

The morning in Qingdao my soul remembers.
Qingdao will talk about sincerity.

The morning when anxiety and curiosity weighed down,
a man brought a washbasin with warm water.
The man a year younger than me
put my washing water on some cool side of the room.

I shed a tear of my mind while washing my face.
It comes to mind vividly.

A true heart is not a star far away.

The touch that patted me, a stranger.
I expressed courteous thanks but I can't forget it.

I can't forget the morning and impression in Qingdao.

청도 강습회

서로 인정하고 공감하는 교민사회는 요원한가?

고국을 떠나와 노동으로 힘겹게 살아도
현재 있는 그대로의 존재 자체를 존중하면서
세탁소점원 일을 하면서 매헌은 눈여겨 살피다

칭따오에서 일하여 노동자들을 모았다

거칠어진 마음 다독거려 자긍심 고양시켜
일을 찾자며 노동자들이 사랑방 좌담을 시작하다

노동자들이 서로 돕는 노동야학 모임이다

칭따오 초승달 눈이 사라진 새벽녘,
초롱한 눈 뜨고 꿈 밭으로 매헌, 상해로 가다

연초록 활기를 찾아갈 신미년 초여름이었다

* 신미년 : 1931년을 말함. 매헌은 세탁소점원을 하며 노동자들을 모아 강습회를 열었다.

Qingdao Class

Is it a long way for Koreans in China to recognize and empathize each other?

Despite hard life after leaving his homeland,
Maheon respected life as it is,
looked around working as a laundry clerk,

and gathered laborers in Qingdao

At the gathering, they started table-talk to caress each other's furious hearts,
promote their self-esteem, and look for a job

It was a labor night school meeting where workers help each other.

At dawn when the eyes of crescent moon in Qingdao disappeared,
Maheon went to the dream field Shanghai with bright eyes open.

It was the early summer in 1931 when the green became lively.

둘째 아들 탄생소식을 접하다
- 담에게

담淡이라
네 이름을 부르라

담아,
내가 가서
너를
꼭 껴안아 줄 때까지
건강하거라

네가
탄생했다는 소식,
뜬눈으로 밤새웠다

담아,
내 아가야

* 윤담 尹淡 : 매헌은 청도에서 둘째 아들 출생을 알았다(1931). 담은 9살에 복막염으로 졸卒하다.

Hear About the Birth of the Second Son
- To Dam

Name you
Dam.

Dam,
be healthy
until I hug
you
tight.

I stayed up all night
at the news of your birth

My baby,
Dam.

상해 上海

소낙비가 왔다

무더운 오후의 공기가
연초록 거리에 퍼져가고

도중도 사내 입가에
희미하게 엷은 웃음을 달았다

을씨년스러운
건물도 푸르렀다

메꽃 줄기마다
석양을 만드는
오월 입김의 사내,

예산 도중도의
쟁기 볏밥이
빗속에 이랑을 세웠다

* 매헌의 상해 입성 : 1931년 5월 8일 매헌 24세 때의 일이었다.

Shanghai

A shower came.

The sultry afternoon air
spread over the green street.

A faint smile spread
around the Dojoongdo man's mouth.

Even the desolate
building was green.

The man of May, breathing,
created the evening sun
for every bindweed stem,

The plowed earth
of Yesan Dojoongdo
made furrows in the rain.

상해의 거처

조국의 광복이
어째서 소중한 가치인지를 알다

상해 하비로 화합방의
안명진 집,

이 집에 머무는 동안 매헌은 평생을 다 살았다

일주일의 거처,

상해의 첫 거주지

---

* 안명진安明鎭(1898.6.13.~1968.12.5.) 집을 택하여 약 일주일간 묵다. 안명진은 평양에서 출생, 숭실중학을 졸업한 뒤에 숭실대학교를 중퇴, 광복운동에 참가하여 중국과 러시아 지역에서 광복운동을 전개하다.

A Residence in Shanghai

I know why the independence is
a precious value.

Ahn Myung-jin's house,
a place for harmony in Shanghai.

Maeheon had spent his entire life while staying in this house.

A week's stay.

The first residence in Shanghai.

모자 공장 종업원

부지런히 일하다

이국땅에서의 취직,
일한다는 것,

땀 흘려 일하며
소득을 갖는
생활의 안정을 이루는 일,

이마에 땀 흘리며
부지런히 일하다

A Hat Factory Worker

He works diligently.

Getting a job in another country
to work.

This implies stability
in a hardworking life
while earning a living.

He works hard,
sweating on his forehead.

만남

강렬한 열망의 열망이
부단히 극도의 허기를 부른다

배고픔으로 몽롱한
심신 추슬러
힘껏 주먹 내질렀다

쇄골에 번지는 통증,

안중근 의사 동생인 안공근을 만난 폭죽,

거역할 수 없는
의기의 섭리

활화산 적시는 단비

---

* 안공근(安恭根, 1889.7.11.~1939.5.30.)은 안중근·안정근의 동생이며 안태훈의 아들이다. 황해도 신천 출생이며 본관은 순흥順興이고 천주교 영세명은 요한이다. 백범과 갈등하던 중인 1939년 5월 살해되었으나 암살의 배후는 미궁이다. 1937년부터는 대한민국 임시의정원의 의원이었으며, 가명으로는 서이로西利路·신암信庵·안삼재安三才·조한용趙漢用·장진구張震球 등을 사용하였다.

Meeting

A strong desire
constantly brings extreme hunger.

He threw a punch with all his might
to control his body and mind
which grew dizzy from his hunger.

Pain spreading in the collarbone.

A firecracker that met Ahn Gong-geun, Ahn Jung-geun's younger brother.

An irreversible
providence of high spirits.

A timely rain wets an active volcano.

상해의 꽃밭

국제도시 상해에서 매헌은 꽃밭을 일구다

오래 대화를 나누다보니 서로 뜻이 통하였다. 안공근과 나이 차이는 적지 않지만 웅지를 품은 도중도 사내, 매헌을 가족으로 여긴 안공근은 매헌 과 한집에서 살았다 수암산 오형제 바위와 가야산 원효봉, 두물머리 도중 도와 더불어 매헌 옆자리 다가와 조석으로 동거하였다 상해에서 안공근 가족들과 생활하면서 시량리 가족들이 그렇게 그리울 수 없지만, 매헌은 서서히 피의 부름을 들을 수 있었다

그렇다, 그것은 생동하는 피의 울림,
피의 약동을 알리는 상해의 꽃밭이었다

Shanghai Flower Garden

Maeheon cultivated a flower garden in Shanghai, an international city.

After a long conversation, Maeheon and Ahn Gong-geun understood each other. There was a considerable age difference between Ahn and Maeheon, but Ahn considered Maeheon, a man of great ambition from Dojoongdo to be his family and lived together. Five Brothers Rock of Suamsan Mountain, Wonhyobong Peak of Gayasan Mountain, and Dojoongdo of Dumulmeori also came to the next seat of Maeheon and lived together day and night. While living with Ahn's family in Shanghai, Maeheon missed his family in Siryang-ri so much, but Maeheon was gradually able to hear the call of the blood.

Yes, it was Shanghai flower garden indicating the resonance of vigorous blood,
the blood that will move lively.

동방공우 30호

이 사람 저 사람 찾아오네
하룻밤을 자든지
열흘을 자든지 찾아와 머물다 가네

보게
충청도 예산에서 올라온 청년
낮에도 밤에도 오래도록 명상에 잠겨

하루가 마지막이듯 전율하네

흉보지 말게, 숨죽여 울고, 눈물 훔치기도 한다네

베갯머리 적시며
부리나케 고향 댕겨 오네

그 힘으로 씩씩하게
여관방에서 염습을 잡수시네

* 동방공우 : 상해에 있는 매헌의 숙소, 곧 여관이다.

Dongbang Gongwoo 30

This person and that person come.
They come and stay overnight
or ten nights.

Look.
A young man from Yesan, Chungcheong
meditates during the day and night,

and shudders as if it was the last day.

Don't backbite him. As he weeps quietly, he wipes his eyes.

He wets his pillow,
and pops down to his hometown.

With the power,
he bravely greets shrouding in the inn.

만주 한인들의 한숨

임진왜란과 병자호란이
휩쓸고 지나간 폐허,

조선 국왕과 신하들은 대북 소북, 남인 서인, 노론 소론으로 갈라져
싸우느라 정신 잃다

조선 백성은 만주에서 농사짓다

만주 이주 한인들의 한숨을

묵묵히 들어야 하는
중국 상해에서의 매헌,

혼자 냉수 들이켜고 있다

Sighs of Manchuria Koreans

Joseon in ruins
by Japanese Invasion and the Manchu Invasion of Korea.

The Joseon king and his servants were out of their minds fighting each other,
dividing into Daebuk Sobuk, Namin Seoin, and Noron Soron.

Joseon people do farming in Manchuria.

Maeheon, who lives in Shanghai, China,

has to silently listen
to the sighs of Manchuria immigration Koreans.

He is drinking cold water by himself.

상해 임시정부

미안하다 죄송하다 부끄럽다
삼천 리 강토 잃고
전 재산 훼파 당하고
백척간두에 울며 서 있구나

검푸른 망망대해의 검붉은 울음파도여
사정없이 몰아쳐라

누구를 원망하는 일 없다
책임 떠넘기는 일도 하지 않겠다

지금 광기 어린 얼굴로
나를 갉아 마시고 영혼마저 집어삼키라

나의 소망은 투쟁이다
고통 내지르는 단말마 비명이다
나를 삼키라

나는 숨 쉬는 한 싸운다

끝까지 싸울 것이다
아침 햇살이 드디어 자유를 선포할 새벽 시간까지

그 시간까지 달릴 것이다

조금도 두렵지 않다
나는 달릴 것이며 싸울 것이다

* 대한민국 임시정부는 1919년 4월 11일 상하이서 첫걸음을 시작하다. 일제의 패망으로 1945년 11월 고국에 돌아올 때까지 27년간 고난에 찬 투쟁을 이어갔다. 그 사이 임시정부는 상하이, 항저우, 전장, 창사, 광저우, 류저우, 치장, 충칭 등 중국대륙 곳곳을 누비며 1만 3천리(5,200㎞)를 이동했다. 임시정부 수립 후, 초기 활동 지역은 상하이였고 항저우는 임정의 첫 피신처였다.

The Provisional Government of Korea in Shanghai

I'm sorry. I'm truly sorry. I'm disgraceful.
After losing the entire country of Korea
and having all of my property destroyed,
I stand crying in a dire extremity.

Waves of Dark Red Tears on the dark blue ocean
rush mercilessly.

I don't blame others.
I won't pass the buck either.

With a lunatic face,
gnaw me and swallow my soul, too.

My wish is for a struggle.
It's a scream from the death throes.
Take me in.

As long as I'm breathing, I'll fight.

I will fight to the end.

Until dawn, when the morning sun will finally declares freedom.
I'll keep running.

I'm not scared at all.
I'm going to run and fight.

백범을 만나다

어두운 골짜기 음침한 수렁에서 허우적거릴 때,
(실은 그때 이미 시신이 되어 걸어 다녔지만)

죽을지언정 끝까지 붙잡은 것은 주검의 일이었다 향기로운
주검을 바라보는 폭풍의 일이었다
(종이와 아내가 나를 붙잡고 우는 꿈꾸었음)

잘 살아가는, 돈 벌어 좋은 옷 입고 좋은 집에서
살아가는, 그런 생각을 하지 않은 것은 왜일까

시를, 진정으로 좋아하는 시를 쓰면서

시를 써서 시집을 묶어 펴내면서 시 속에서 그렇게
어릴 적 뛰어놀던 수암산 오르내리면서

살아가는 생각을 하지 않은 것은 왜일까
(장엄한 인물을 만나 순간 정신을 잃었지만)

선생을 뵙고서야 비로소 내 정신을 꼬집으며
현실일까 이게 정말 내가 실제로 수용할 만한 현실일까

어두운 골짜기 음침한 수렁에서 허우적거릴 때
(실은 그때 이미 시신이 되어 걸어 다녔지만)

* 백범白凡 : 김구金九(1876. 8. 29. ~1949. 6. 26. 향년 72세)의 아호이다. 본명은 김창수이다. 일제 강점기 나라의 독립과 통일 민족국가건설을 위해 투쟁했던 독립 운동가이다. 1962년에 건국훈장 대한민국장 수여됨.

Meet Baekbeom

When floundering in a dismal quagmire of a dark valley.
(In fact, I was already dead man walking.)

Even if I died, I couldn't let go of my dead body until the end.
I clung to the stormy thought of looking at my dead body.
(I had a dream that my son Jong and wife were crying helding my body)

Why didn't I consider living well,
making money, wearing nice clothes and living in a big house?

Why didn't I consider living

publishing them while writing poems that I really like,
and climbing up and down Mt. Suamsan

where I used to run around in poetry when I was younger?
(I couldn't help but lose my mind when I met a magnificent person.)

After meeting Baekbeom, I pinched my mind,
"Is this a reality? Is this a reality that I can accept?

When floundering in a dismal quagmire of a dark valley.
(In fact, I was already dead man walking.)

한인공우친목회

상해의 달빛 아래 소나무 한 그루

빳빳한 침엽을 지닌 저 소나무는
열악하기만 한 노동현장을 굽어볼 뿐이다

말 없으므로 누군가는 소나무 말을
그 말을 듣고 말해줄 이유가 생겼다

말이 길을 열 것이다

말이 암울한 상황을 바꿀 것이다
아주 새롭게 앞길을 바꿀 것이다

말이, 소나무의 말이 뇌파에 닿아
상해 노동자들의 현실을 열어줄 것이다

반전을 이룰 것이다

뭉툭하나 뜨거운 한인공우친목회

* 한인공우친목회韓人工友親睦會 : 한인동포 실업인 박진朴震이 경영하는 중국채품공사에 취직하여 말총모자 등을 만드는 직공으로 근무하며 매헌은 이 단체를 조직, 회장의 일을 맡아 활동 하였다.

Korean Workers' Social Gathering

A pine tree in the moonlight of Shanghai.

The stiff-needled pine tree
simply overlooks the deplorable labor scene.

The speechless pine tree. So someone should listen to it
and deliver on it.

The words will make a way.

The words will make a difference in the dreadful situation.
They will reshape the future.

The words of the pine tree will reach brain waves
and break through the workers' reality in Shanghai.

They'll cause a reversal.

Korean Workers Social Gathering is a blunt but hot.

상해 연쇄아파트

꽃나무는, 꽃나무는, 꽃나무는
언젠가 반드시 꽃을 피울 것이다

도중도 물살, 도중도 두물머리는
언젠가 반드시 서해의 파도,
반만년 이어온 단군조선 역사의 한 페이지를 넘길 것이다

자유독립의 대의를 위해서라면

그 무엇에도, 그 누구에게도,
그 어떤 것에도 물러서지 않으리라

도산 선생과 한 지붕 아래 살았다
흥사단 월례강좌는 신선하였다

꽃을 피우라는 운명의 섭리였다

---

* 상해 연쇄아파트 : 이 아파트(상해시 하비로 1270번지 27호 2층)에서 매헌은 상해에서 처음 만난 고영선과 더불어 살았다. 도산 안창호 역시 이 아파트에서 살았으며, 매헌은 도산 안창호가 이끌던 흥사단 원동위원부 주최 월례강좌에 참석하였다고 도산의 마지막 비서였던 구익균(매헌과 동갑)은 그의 회고록인 『새 역사의 여명에 서서』에서 증언한다. 이광수 저서인 『도산 안창호』 내용과는 달리, 그 당시 도산은 매헌의 4.29. 홍구공원 의거 계획을 사전에 알고 있었다.

Shanghai Yensue Apartment

Someday, flower trees, flower trees, flower trees
will bloom.

Dojoongdo current and Dojoongdo Dumulmeori
will one day be the waves of the West Sea.
It will close a chapter in a five thousand year history of Dangun Joseon.

In the name of independence,

I won't give ground to anyone,
or anything.

I lived under the same roof with Dosan.
The monthly lecture of Heungsadan was entirely new.

It was the providence of fate to bloom flowers.

상해 영어학원

걷고 뛰게 하는 것은 다리가 있어서이다
다리가 없다면야 몸통이 자유로울 수 있겠는가

꿈이, 불안하고 막연하지만 꿈이,
무언가 설렘으로 요동치는 새벽꿈이 없다면야

몸이 있다 한들 어디에 소용될 것인가
상해 영어학원에 들어가 매헌은 영어를 배우다

각 나라에서 온 인파가 장미 만발한 초여름

* 매헌의 장자, 윤종의 회고록에 의하면, 매헌은 상해에서 영어 학원을 다니며 영어를 공부하다.

Shanghai English Language Institute

You can walk and run thanks to legs.
But for its legs, can the body move freely?

Dream. Even if a dream is uneasy and indefinite,
if you don't have a dream at dawn that makes you excited,

what's the point of having a body?
Maeheon attends the English at Shanghai Language Institute to learn English.

It's early summer, which visitors from all over the world and roses are in full bloom.

한인애국단

낫을 갈아 소 풀 베러 가는 지게,
빈 바지게 가득히 한 여름철 장마구름이 내려와 앉았다

첫 사랑 소녀를 기다리는 등성이 길이
헐레벌떡 뒤따라와 빨개진
빨개진 얼굴을 빤히 쳐다보는 목화송이 한 다발,

설레라, 너무 가슴 두근거려라
설레어라, 숨이 멈출 만큼 설레어라

꼴 베는 낫질이 모조리 내 정강이를 후려쳐 내리다 꼴 한 줌,
베지 못한 빈 바지게엔 그래도

무한정 배부른 전율이 담겨져 있다

* 한인애국단 : 1931년 10월 김구金九 등 민족주의자·애국청년들이 상하이[上海]에서 결성한 비밀독립운동단체이다.

Korean Patriotic Corps

A-frame carrier with a ground sickle goes cutting fodder for cows.
Mid-summer rain clouds came down, filling its empty wicker rack.

A ridge path waiting for its first love girl.
A bunch of cotton flowers stares at the flushed face
that turned red as it rushed to catch up.

I'm excited. My heart is so palpitating.
I'm excited. I'm so excited that I can't breathe.

Sickles used to cut fodder hit my shin. Without even a handful of fodder
on the wicker rack

it is filled with indefinite thrill.

큰 그림
- 백범께 드리는 매헌의 독백

나를 크게 깨우친 분은 선생이다 동시에
대한민국을 깨우친 분이셨다 연세야 오십 중반에 드셨으나
늘 넘치도록 뜨거웠다

늘 미래를 말씀하는 형형한 눈빛에다
늘 미래를 예견하는 입술이 우렁차게 행군했다

함부로 예단하지 말라 나를 깨우침 분은 선생이셨다

수암산 오형제 바위 옹기종기 모여
고단하였으나 나는 그분으로 인하여 미래를 구상하였다 그 누구보다도
눈물 많은 선생을 함부로 단정하지 마라

나를 깨우친 분은 그분이셨다
죽음의 가치와 죽음의 삶을 일러준 어른이셨다

억압에 왜 맞서야하는지를
맞서는 것의 가치와 맞서는 것의 맞서는 삶을 일러주셨다

내 뼈는 녹아 사라졌을지라도
내 정신은 냉정하다 새겨들으라, 태극기 큰 그림을
동포를 위하여 큰 그림을 그리신 분이다

The Big Picture
- Maeheon's Monologue to Baekbeom

Baekbeom was the one who jolted me awaken myself. Concurrently, he
enlightened Korea. He was always full of passion
even as he approached his mid-50s.

His eyes were piercing when spoke about the future,
and his lips marched sonorously when he predicted the future.

Don't maek hasty judgments. Baekbeom was the one who
enlightened me.

I was exhausted, but he made Mt. Suamsan Five Brothers Rocks and I
huddle and plan the future vision. Don't judge
soft-hearted Baekbeom.

He was one who enlightened me.
He was a great man who taught me the value and virtue of death.

He taught me why it is important to fight oppression,
as well as the value of dong so.

Even if my bones disappeared into dust,
my mind remains intact. Pay close attention. He is the one who drew
a large picture of the Taegeukgi for his countrymen.

고영선

종이학이 날아와 앉아 있다

수덕사 가는 길, 가막고개 길
육괴정에 머물러 앉아
서로가 못다 나눈 손길이 고목 나이테를 어루만지며
쓸쓸히 실소를 머금다

기억하라 종이학이 앉아 있다

불타는 꿈을 꾸었으나
날지 못하고 날려줘야 움직이는

---

* 고영선(1909~1944) : 고영선의 가명을 김광으로 보는 견해가 있으나 이는 어디까지나 비정比定, 즉 가설 내지는 추론일 뿐이다. 김광은 『윤봉길전尹奉吉傳』을 집필한 저자로 기명되었으나 이 책은 김광의 본명인 고영희 또는 고영선을 직접 기술하지 않고 '김광'이라는 이름을 쓰고 있다. 그러면서 김광이 고영희 또는 고영선이라는 사실을, 실제 당사자에 해당하는 고영선이 직접 밝힌 일은 없다. 특히 『윤봉길전』은 실제 사실과 상이한 기술로 사료史料의 가치는 미미한 편이다. 가장 먼저 이 책은 서문에 나타난 집필연대의 오류에서부터 이미 검증된 역사적 사실의 불일치, 윤봉길 스승의 성명 불일치 등등을 비롯하여 이미 역사적으로 확인된 사실적 근거, 즉 매헌의 일제의 심문조서에서 '사건의 명령자인 김구'라는 매헌의 답변서가 명백하게 존재하는데도 매헌의 상해 의거와 김구를 분리 내지는 개별화하여 그를 특정하는 등의 자의적 기술을 하고 있다. 고영선을 잘 아는 구익균은 고영선이 청주사범대학 입학의 학자금 마련을 위하여 이 책을 썼다고 증언한다. 그러나 구익균 역시 김광이 곧 고영선이라는 확인증언을 한 사실이 없다. 한편 고영선은 흥사단 단원이자 독립운동가이다. 황해도 해주海州에서 출생, 중국 청두[成都]사범대학을 졸업하고 한국독립당에 가입하였다. 또한 대종교大倧敎에 입교하여 종교운동을 하다. 그 후 광복군 총사령부 선전과장으로 있으면서 중국과의 외교교섭에 힘쓰다가 35세의 젊은 나이로 병사하였다.

Go Young-seon

Paper cranes fly to take a seat.

Gamakgogae path on the way to Sudeoksa Temple.
Sitting on Yukgoejeong Pavilion,
they touch old tree rings out of regret for patting each other's hands
and can't help smiling lonely.

Remember. The paper cranes are alighting,

which had a burning dream,
but were unable to fly and could only move with help.

나를 써 달라

나를 쓰고자 고민하지 않은 날이
없다 나는 내가 나를 쓰는 일이야말로
가야산 정상에 오르는 일이다
윤관장군과 선현의 은덕을 기리는 일이자
진리의 실현이라 나는 늘 나를,
나를 쓰는 일을 생각지 않은 날이
정말이지 단 하루도 없다 나를 쓰려고
상해 거리를 쏘다니며 황포강변에서 울었다
삼백만 명이 넘는 인구를 가진
상해거리에서 홀로 울곤 하다
하기 사 울음도 나를 쓰는 일이지만
나는 백범 선생께, 나를 써 주시라
그 누구도 이에 가설을 달지 마라
국가와 민족의 대의를 위해 써 주시라
그리 부탁 말씀 올리길 반복하였다

Take Advantage of Me, Please

There hasn't been a day when I didn't think
about employing myself. For me, using myself is
like climbing to the top of Mt. Gayasan.
It is to honor General Yoon Kwan and ancient sages' virtues
and to realize the truth. So I always
think about using myself
without ever missing a day.
I cried by the Hwangpo River while roaming about the streets
in Shanghai
I would cry alone on Shanghai Street
with a population of over 3 million.
Crying is for me,
but I asked Baekbeon to employ me,
anybody not to propose a hypothesis
for the country's cause.
I begged him to do so several times.

큰 뜻

이 '큰 뜻'은 백범이 쓰다

대화를 통하여 대뜸 매헌의 뜻을 읽고
'큰 뜻'이라 명명하였다

날카롭고 예리한 촉수를 가진 시인은
시인은 '큰 뜻'의 시를
시를 버림으로 시를 완성시킬 것이다

생명을 버리려는 결의,
홀가분한 마음으로 사생취의捨生取義,

매헌은 이 '큰 뜻'을 실행했다

Great Ambition

Baekbeom first used the phrase 'great ambition'.

While talking, he noticed Maeheon's intention
and immediately labeled it 'great ambition'.

A poet with sharp and keen tentacles
writes a poem with 'big aspiration'
only after discarding it.

Resolution to offer his life
and die for a justice with a carefree heart.

Maeheon fulfilled his 'great ambition'.

만보산사건

몇 마리 웅어가 논둑을 뚫었다
밤사이 윗배미 논물이 마르자
논 주인이 거름물이
아래 논배미로 흘렀다며 격하게 시비가 붙었다
소작 농사지으면서 싸우는 걸 바라보며
위 논, 아래 논을 병탈을 꿈꾸는
일본 농부는 즐거웠다
자꾸만 싸움질 부추겨 형제처럼 지내는
논배미 농부들 싸움이 커졌다
서로 견원시하는 그 찰나,
조선총독부를 경악케 하는 일대 사건이 번져서야
삽날이 웅어를 찍어버린 것이다
이간질에 능한 일제
모리배의 만주 땅에서
논배미 농부들은 손 맞잡았다

* 만보산사건萬寶山事件 : 1931년 7월 2일에 중국 만주 지린성 창춘현 싼싱바오(三姓堡)에 있는 만보산 지역에서 일본의 술책으로 한국인과 중국인 농민 사이에 수로水路 문제로 일어난 충돌 및 유혈사태로 만주사변을 촉발했다.

Manbosan Incident

When a few Korean anchovies made holes in the rice paddy bank,
the water of upper rice field drained away overnight.
The owner whose manured water flowed
into the lower rice field got into a heated argument with that of the lower field.
A Japanese farmer enjoyed
watching the squabbles between the tenant farmers
as he planned to deprive them of their fields.
He continued to blow the bellows. The squabbling
between the tenants, who used to be like brothers, became more heated.
An incident occurred in the midst of being like cats and dogs,
which shocked the Japanese Government-General of Korea.
Only then, they stabbed the Korean anchovies with their shovels.
In Manchuria, the land of Japanese profiteers skilled at driving a wedge,
the tenant farmers banded together.

상해의 초승달

풀잎 이슬이라 여기렴,
홀로 맺혀 있다가

아무도 모르게 증발하고 마는 꿈속 포옹이라 여기렴,

목바리 등잔불이라 여기렴,

잠시 잠깐
서녘 하늘에 얼굴 내밀었다

눈결에 그냥 스러지는
그을리고 깡마른

망각의 얼굴이라 여기렴

The Crescent Moon of Shanghai

Consider it to be grass dew.
After forming on its own,

it evaporates unnoticed. Consider it a dream hug.

Consider it a Mokbari lamp.

For a short time,
its face is showed up in the western sky.

Consider it a tanned and skinny
face of oblivion

that vanishes with a single glance.

통증을 앓는 문서
- 남의南儀 아우에게 제1신

*사랑에 넘치는 남의에게 제1신

표류 2년에 고달픈 이 몸 회상컨대 보월 입소는 몇 번이며, 간운 면일은 몇 번이었던고? 감구 마중지회는 구난설 필난기이다. 대세의 풍조와 도세의 환경이 천변만화로 변천됨을 측량키 불능한 차제에 미미한 우리 인생은 호구지책을 도모키 난하여 생활의 양도를 연구하며, 생활의 양방을 설득키 위하여 포복 숙장하며 산류 해외하는 인생이며. 과연 그 전도가 행일까? 불행일까? 보라, 금번 완빠오쌴·쌴씽뽀우의 사건을 보라. 그 원인이 어디로 비롯하였는고?

제1은 빼빼마른 삼천리강산에 생활의 고통과 경제의 구축으로 밀리어 나오게 된 것, 제2는 이 광대한 천지간 일배의 지구상에 생존하는 그 자들이 자아를 고창하는 반면에, 민족 차별의 관념이다.

전전의 부평풍랑을 따리 이곳으로 저곳으로 향무 소정하여 그 간에 후서도 닦지 못했다. 지금 있는 곳은 왕치루 삐이영찌리 18호런가. 그날그날의 생활은 족하오나 장래 일생을 암료하면 파도의 수포에 불과할 것 같다. 몽담과 낭설이다마는 7월13일은 조고祖考의 제3주년의 기일이로구나. 벼리 기紀 자, 생각 념念 자 기념으로 망배를 할까. 웃어를 볼까. 울어를 볼까. 아니, 남의에게 부탁하여 나의 대신으로 배곡을 하랄까. 아니 모두 허언이다. 나의 진심으로 오오, 금일은 조고의 기일이라는 인상으로 이른 아침우로를 이지履之하고 처지척지愾之惕之하며 주원 감시 불승 영모할 것이다. 그러면 바람에 날리어 온 일립종의 성의가 될까 하노라. 끝으로 축. 대소 제절 균녕 31년 8월 15일 서

'나'라는 글자는
통증을 앓는 문서다
나는 늘 앓고 있다
앓고 있으나
빈곤을 아끼면서
나는
빼빼마른 삼천리강산의
환자로
'나'라는 문서를
채워갈 요량이다

* 매헌이 아우 남의에게 보낸 서진 전문

A Pain-Stricken Document
- The First Letter to Nameui

The letter 'I' is
a document in pain.
I'm always in pain.
Saving poverty,
I,
a skinny Korea
patient,
intend to fill out
 the 'I' document.

제4장

찬물 한 그릇
A Bowl of Cold Water

산수유 열매
- 남의 아우에게 제2신

사랑스런 남의에게 제2신

　만국이 여재홍로중이란 혹서의 끝에 신량의 저기압은 아세아의 동남 대륙에 험악하여 신흥 중화의 16성이나 침수케 하고, 그보다 더 중대한 60여만이란 다수의 인명을 익상케 하여 놓고 무엇이 불만족하여 섬섬한 추우는 저다지 기리하여 객회를 야기하는가? 추풍은 예년의 양으로 청량의 기분이
　3하에 그치고 주리던 창자를 서늘케 한다. 작년에 지나간 추석도 또 다시 돌아오고, 작년에 누르스름하던 일야도 역시 황운이 둥기할 것이다.
　전전의 봉길은 보다 얼마나 구르나. 후어흐어팡으로, 사아이위씨루에서 딸피스루로, 왕지루로, 그렇게 굴러도 집에 못가고 여기에 있다. 포우ㅅ, 루리 22호에 든 것도 모든 사정이 편리를 취하기 위하여 불망하였다. 문노라. 아버지와 어머니께서 안녕하시고, 할머니 큰아버지 큰어머니께서도 안녕하 시며…… 일일이 들 수 없다. 범위 넓게 조선 윤씨 가중 무고하기를 축한다. 1931년·9·9(음) 후서

　　붉은 열매 주저리주저리 매달고
　　칠월의 염천과 폭풍우를 견뎌내고
　　오늘이다
　　올 갈 겨울 지나고 나면
　　'나'라는 열매를

터트릴 것이다 다시 열매를 익힐
순간이 다가오고 있다
열매가
나와 너와 시량리와
조국의 열매가
황소처럼 다가오고 있다, 아우여

Korean Cornelian Cherry
- The Second Letter to Nameui

The red fruits hang in disarray
after enduring the hot weather and storms of July.
It is now.
In the upcoming fall and winter
'I' fruit
will burst. The time has come
for the fruits to ripen.
Fruits,
the fruits of you, I, Siryang-ri,
and my country,
are rushing like bulls, little bro.

행주치마 불빛
- 매헌의 마지막 편지

어머니 전상서

놀라지 마십시오. 너무 염려하지 마십시오.

아세아 하늘에 바야흐로 몽롱한 거먹구름은 널리 퍼져 도시 상해를 덮었습니다.

29일 오전 3시부터 어지러워졌습니다. 고요히 잠자던 콜콜 코풀무소리는 아이어이하는 울음소리로 변하였습니다.

비행기소리는 우루룽, 대포소리는 쾅쾅, 기관총소리는 호도독 호도독 콩을 볶았습니다.

이것은 민족의 힘의 발현입니다.

이 민족의 힘과 저 민족의 힘이 만주치는 소리입니다. 30일 오후부터 오늘 아침까지는 휴전 상태이나 오전에 또다시 교전이 될 모양입니다.

비행기 14대가 공중을 시위하고 있습니다. 그리고 각국 군대도 점점 긴장되는 모양.

29일 싸움 결과는 일본 비행기가 5대 떨어지고, 철갑차는 3대 뺏기고, 기관총 및 몇 대 뺏긴 모양이며, 병대는 8백여 명 죽었습니다.

중국의 압북지방은 불로 거의 다 태워버리고 민중의 사상자는 무수하오며, 그러나 공동조계와 법조계 내외는 아직 아무 염려 없습니다. 남경 정부는 낙양으로 옮기었고, 일본군대는 구원대가 많이 왔으니 불가불 조석으로 충돌될 모양입니다.

진작 편지를 옮기려 하였으나, 한편으로는 승리의 결과 쌍방의 해결을 보고자 하는 마음으로 지금껏 있었으나, 쌍방의 해결은 고사하고 각국 태도는 더욱 험악하여집니다. 이후로 또 편지를 올리겠사오니, 너무 염려 마 십시오. 조계 내에는 각 경계선에 철망을 높이고 패잔병이 못 들어오게 방어하고 있습니다. 이만 그칩니다.

1932년 1월 31일 봉길 올림

때 덕지덕지 묻은 행주치마,
행주치마 불빛이
새벽녘 찾아와 아침밥 짓다
부리나케 제 영혼을 껴안아 주십니다

울면서
불에 덴 검은 입술로

문고리에 쩍쩍 붙어 당기는 젖은 손
호호 불곤 합니다, 불초자는
지하에서

그간 못 올린 효를 올리겠습니다, 어머니,
서둘러 다시 뵐 터이니
부디 옷 따습게 입으시고

부디 건강만 하셔요,
아무런 걱정하지 마시고요, 어머니

* 이 편지가 매헌의 마지막 편지로 그 당시 상해사변을 전쟁 상황을 기술하고 있다.

The light of the Apron
- Maeheon's Last Letter

An apron smeared with grime.
Its light
appears at dawn to prepare breakfast.
It quickly hugs my soul.

While crying,
with burnt black lips,

I often blow
wet hands that stick to the doorknob. In the grave,
this unworthy son

will have the filial piety that I haven't done, mother.
Until we see each other again,
please dress warmly,

and stay healthy.
Don't worry about anything, mother.

상해사변

산맥이 서로 충돌했다

누천년을 살아온 나무들은
마을을 찾아
나섰다 마을에는
비행기 폭격에 눈멀고 팔다리 잘려나간 나무들이 나뒹굴었다

숲 자체가 사라졌으나
입 벙긋 못하고
풀들은 기도를 잊어버렸다

시신에게 문상할 새 없이
예배당은 흔적도 없이 훼파되었다

사람은 말까지 잃었다

* 상해사변 : 1930년대 중국과 일본 사이에 일어났던 2번의 사변이다. 즉, 제1차 상하이사변은 1931년 9월 만주사변이 시작되자 중국대륙 전체에 항일운동이 확산되었으며 특히 상하이의 정세가 급속히 악화되었다. 일본군은 항일운동의 진압, 만주독립음모에 대한 열강의 주의를 돌리기 위해 상하이에서 매수한 중국인으로 하여금 니치렌종[日蓮宗]의 탁발승을 저격하게 하는 사건을 일으켰다. 그 결과 1932년 1월 28일 조계 경비를 담당하던 일본의 해군육전대와 중국의 십구로군 사이에 전투가 발발했다. 일본은 2월 중순에 육군 약 3개 사단을 파견하여 3월 상순에 중국군을 상하이 부근에서 퇴각시키고 5월에 정전협정을 체결한 후 육군을 철수시켰다.

제2차 상하이사변은 1937년 7월 루거우차오사건[蘆溝橋事件]으로 시작된 일본의 중국 화북 침략에 대해 하이에서 항일운동이 거세지자 일본 해군이 여기에 적극적으로 대처하면서 일어났다. 8월 9일 일본 해군육전대의 오야마 도시오[大山勇夫] 중위와 수병 1명이 중국보안대에 사살되자, 일본은 육군 2개 사단을 파병했다. 14일 양국 군대 사이에 전투가 시작되고 이후 난징[南京]·우한[武漢] 등 중국 전토로 확대되면서 중일전쟁이 전면화하게 되었다.

Shanghai Incident

Mountains smashed into each other.

The trees, which have lived for thousands of years,
sent out
to see the village. In the village,
trees that had been blinded and had their limbs severed by planes
bombing were rolling around.

The forest itself had vanished,
but the grass had forgot to pray
in silence.

There is no time to express sympathy.
The chapel was completely destroyed.

People were unable to express themselves.

춘산 春山

스물다섯 살의 매헌과 이십 년이 넘는 나이 차이지만
춘산은 부드럽고 자상하게 현 시국을 설명해 주다

상해 임시정부 정황이 어지러우나
봄의 대지는 이미 간 겨울의 얼어붙은 벌판을 달려 왔잖은가

모태에서 울음 터트리는 그 순간,
사람도 동토를 달려가야 할 맨발, 맨몸이지 않은가

예산 가야산 가야봉도 부리나케 달려오고
도중도의 물결이 점차 마음을 다잡아가기 시작하다

* 춘산 : 이유필(李裕弼, 1885.11.28.~1945.11.29.)의 호이다. 본관은 경주. 호는 춘산. 아버지는 계초이다. 일찍이 안창호安昌浩·전덕기全德基·이동녕李東寧·양기탁梁起鐸 등이 조직한 비밀결사 신민회新民會에 참여해 구국운동에 앞장섰다. 1912년 일제가 날조한 소위 105인사건으로 체포되어 1년간 진도에 유배되었다. 1919년 3·1운동이 일어나자 의주에서 독립만세시위를 주도하고 상하이로 망명했다. 1919년 4월 상해임시정부 내무부 비서국장을 역임, 임시정부의 기관지 〈독립신문〉을 창간했다. 1920년 안창호와 임시정부 선전위원회를 설치했으며, 그해 8월 에는 미국의원단에 한국의 독립을 호소했다. 1921년 4월 한·중 양국이 서로 도와 대일항쟁에 공동 대처하자는 취지로 중국인 우산[吳山] 등과 함께 한중호조사를 설립했다. 1922년에는 김구金九·손정도孫貞道 등과 한국노병회를 조직하고 경리부장·이사장을 역임했다. 1923년 8월 교민단 단장에 선출되어 교민단에서 경영하는 인성학교仁成學校의 교장으로 교육사업에 종사 하는 한편, 〈민성民聲〉 등을 발행하여 민족정신을 고양했다. 1924년 임시정부 내무총장이 되었으며, 1925년 10월에는 국무원으로 재무장을 겸임했다. 1930년 1월 독립투쟁전선통일을 목표로 김구·조완구趙琬九 등과 함께 한국독립당을 조직하고 총무이사로 활동했다. 1933년 3월 상하이에서 일본영사관 경찰에게 검거되어 신의주지방법원에서 징역 3년형을 선고받았다. 8·15해방 후 평북임시인민정치위원회 위원장으로 활동하다가 월남 도중 죽었다. 1963년 건국 훈장 국민장이 추서되었다. 한편, 매헌이 춘산을 처음 만난 것은 1932년 정월이었다.

Chunsan

Despite being twenty years older than Maeheon, 25 years old, Chunsan explains the current situation gently and generously.

The situation of the Provisional Government of Korea in Shanghai is chaotic,
but hasn't the spring land already run through the frozen fields of last winter?

The instant you burst into tears from your mother's womb, shouldn't you go barefoot naked to the freezing land?

As Gayabong Peak of Mt. Gayasan in Yesan rushes near, Dojoongdo waves gradually begin to gather their thoughts.

매헌의 노동 운동

매헌이 24세 때 5월 8일에 목적지인 상해에 닿았다.
다음은 매헌이 자필이력서에 기술했던 글이다.

"*나를 맞는 사람은 없었으나, 목적지에 온 것만은 무상 기뻤다. 남의 주머니에 금이 들었는지, 똥이 들었는지 누가 알리오. 와서 보니 또 닥치는 것은 금전의 곤란이다. 그래서 말총공사 직공이 되었다, 그 공장에는 한인 공우가 17명이었으므로 한인 공우 친목회가 창립되었다. 나는 공우회의 회장이라는 명칭으로 되었다. 그런데 공장주 박진이와 사소한 감정이 생겨 해고를 당하고 계춘건桂春建 군과 같이 홍구 소채蔬菜장을 개점하였다. 그리고 그 후는 여러 선생님들이 아실 것이다."

한인 공우들과 일을 하면서 매헌은 노동쟁의를 하다
사주였던 박진 사장은 노동자끼리의 권리여부를 가리기 전,
이를 획책한 매헌을 자르는 것이 순서라 봤다 해고는
매헌이 직장을 잃은 이유는 매헌이 노동운동을 펼쳐서이다

어디서든 매헌은 튀었고 어디서든 매헌은 반짝거렸다

---

* 매헌이 거사를 앞두고 1932년 4월 27일 밤에 쓴 '글'에서 인용. 이렇게 매헌은 농민이었을 때는 농민운동, 노동자였을 때는 노동운동을 한 분이다.

Maeheon's Labor Movement

Maeheon, 24 years old, arrived in Shanghai on May 8.
In his handwritten resume, Maeheon described the following.

"No one greeted me, but I was very happy simply to have arrived at my destination. Who knows if my pocket is full of gold or poop? The most pressing issue was money as usual. So, I got a job at a horsehair factory. The Korean Workers Social Gathering was formed because the factory employed 17 Korean workers. I was elected as the social gathering's chairman. However, I was fired for a minor emotional disagreement with the factory owner, Park Jin. Following that, I co-founded a Honggu vegetable store with Gyechungeon. From then on, I believe many people will be aware."

While working with Korean workers, Maeheon went on strike.
The owner Park Jin believed that firing Maeheon, who had planned a labor strike,
took precedence over learning workers' rights. The reason Maeheon lost his job was that he led a labor movement.

Maeheon stood out in every way, and he twinkled in every way.

의열단

의열단은 모두 형제,
형제의 의義로 맺어져 펼치는 독립운동,

의백이었던
상해 제일의 조선호랑이 김원봉,

김구, 이승만, 김규식에
네 번째의 임정요인으로 거명되면서
위풍 당당히 귀국한 뒤에도

늘 폭발하는 조선 호랑이가

악덕 친일경찰 노덕술에게 뺨을 맞고는
월북하여 운명하다

* 의열단義烈團은 약산 김원봉(1898~1958)을 의백義伯 즉, 단장으로 하는 아나키스트 성격의 무장독립운동단체로 1919년 11월 9일 설립됐다. 신흥무관학교 출신들로 조직된 이 단체의 단장은 약산 김원봉이며, 이육사 시인과 단체 신채호도 의열단이었다. 이들은 프랑스 조계지역(외국인 치외법권지역)인 중국 상하이에서 무력항쟁으로 일본제국의 대한제국에 대한 식민통치에 대항하는 독립운동을 했다.

Korean Heroic Corps

The members of Korean Heroic Corps are all brothers.
They are sworn brothers fighting for Korean independence.

Kim Wonbon, the eldest brother and leader of the heroic corps,
was the best tiger in Shanghai.

Following Kim Gu, Rhee Seung-man, and Kim Gyu-sik,
he was nominated for the fourth Korean Provisional Government Leaders

and proudly returned to Korea,

The Joseon tiger, who had always fought against injustice,

was slapped by the evil pro-Japanese police officer No Deok-sul,
went to North Korea and died.

야채장사
- 매헌, 공동조계의 일본인촌에서 야채장사하다

'야채 사려-'

메아리 울려 퍼지나 손수레에는
고작 배추 무 예닐곱 개가 전부인 채소장사꾼이 파는 것은
일본군 동향

채소 장수 따위
누가 거들떠도 안 보지만
주검을 챙기며

'야채 사려-'

스스로 난자질하려는
섬뜩한
상해의 살기 殺氣

* "제가 채소바구니를 등 뒤에 메고 날마다 홍구 방면으로 다니는 것은 큰 뜻을 품고 천신만고 끝에 상해에 온 목적을 달성하기 위해서입니다. 그런데 중일전쟁도 중국에서 굴욕적으로 정전협정이 성립되는 형세인즉, 아무리 생각해 보아도 마땅히 죽을 자리를 구할 수 없습니다. 그렇지만 선생님께서는 동경 사건과 같은 경륜이 계실 줄 믿습니다. 저를 믿으시고 지도하여 주시면 은혜는 죽어도 잊지 못할 것입니다." (김구, 도진순, 1997, 331쪽에서 인용)
* 공동조계 共同租界 : 공동 거류지(여러 나라가 공동으로 관리하는 외국인 거주 지역)을 말한다. 19세기 후반에 중국의 개항 도시에 있던 여러 외국인의 공동 거주 지역. 중국 정부와 조약·협정을 맺어 설정한 지역으로, 그 지역 안에서 외국인은 자치적 행정권을 행사할 수 있었다.

Vegetable Vendor
 - Maeheon Sells Vegetables in a Japanese Village of a Foreign
   Settlement

"Buy vegetables."

echoes.
A vegetable vendor, selling only six or seven cabbages and white radishes
 on the handcart,
 tries to read Japanese Military trend.

Anyone isn't worried
about the vegetable vendor,
but as he packs his corpse, he yells,

"Buy vegetables!"

A horrifying
thirst for blood in Shanghai,
that causes him to stab himself all over.

죽을 자리

새파란 이십대 초반의 청년,

예산에서 중국 상해에
충혈된 눈으로 찾아 헤맨 것이

고작 삭막한 삭풍이 휘몰아치는 거리였다

세도정치는 망국민을 양산하여
행복추구권은 이국 언어,

조선 백성은 한낱 짓밟히는 들풀이었다

꽃다운 처자를 두고

가장 푸르고
가장 아름다워야 할 그때,

청년을 찾아온 영원의 영혼

* 죽을 자리 : 매헌과의 대화체를 옮겨 쓴 백범의 회고록, 『백범일지』에서 인용.

A Place to Die

A young man in his early twenties.

When he arrived to Shanghai in China from Yesan,
all he found with bloodshot eyes was

a desolate street full of the biting wind.

Many people were ruined as a result of the reign of potentates.
The right to pursue happiness meant far-flung.

Joseon people were as insignificant as trampled wild grass.

The man leaving lovely wife and children behind.

When it should have been the greenest
and most beautiful,

the eternal soul came to visit the young man.

나의 꿈을 보오
- 신공원에서 답청踏靑하며

*처처한 방초여!
명년에 춘색이 이르거든
왕손으로 더불어 같이 오게…
청청한 방초여!
명년에 춘색이 이르거든
고려 강산에도 다녀가오…
다정한 방초여!
금년 4월 29일에
방포일성으로 맹세하세…'

중국 상해 신공항을 거니는데 돌연 덕산 시량리 고향을 떠나오던 그 날 아침이 훤히 보였노라. 시량리 논 물웅덩이처럼 물 고인 신공원을 답사하면서 솔직히 고백하건대, 맨 먼저 아내여 나는 당신을 떠올렸노라. 자연스레 당신이 떠올랐노라. 맨 처음 당신 이름을 불렀노라. 환영인가, 나도 모르게 어느새 당신이 내 옆으로 다가왔노라. 내 옆에 당신이 다가와서 내 손을 꼭잡고 있으므로 나는 '처처한 방초'를 맨 먼저 썼노라. 당신은 방초가 틀림없을 터였노라.

내가 가는 이 길도 방초가 확실할 터라, 나는 당신의 발끝에서 머리끝까지를 그리워하였노라. 당신을 그리는 의미에서 아내여, 이곳 상해에서 나는 맨 처음 당신을 불렀노라. 눈물 달고 그리워 불렀노라. 당신으로 연이어진 보고 싶은 우리 아들들 종이와 담이, 시량리 고향마을 주민들과 예산군민들, 그리고 나라 잃은 고려국민들도 불렀노라 그 어디에서나 존재하고 함께 살아가는 '처처한 방초여, 내 아내여, 내 사랑이여!'

나의 당신이, 그리운 당신이 완연한 '춘색'이었노라, 당신의 존재가치는 그 어디나 두꺼운 얼음장을 녹이며 찾아오는 새봄의 기운이었노라. 새봄의 색깔이었노라, 새벽꿈의 설렘이었노라. 봄은, 상해의 봄은 단언컨대 생명이었노라. 자유로 충만한 독립된 조국, 혹은 새벽의 신선한 기운을 덧댄 광복이었노라 그렇다면 그렇게만 된다면 왕손으로 더불어 동행하는 것이나 무엇이 다르랴. 우리 어린 종淙이도, 담淡이도, 당신도, 시량리마을 사람들도 예산군민들도 고려인들도 모두 다 존귀한 왕손이 아니고 누가 왕손이겠는가,

아내를 뜻하는 '처처한 방초'에 연이어 앉을 자리는 '청청한 방초'라, 당신이 동행하였노라. 당신은 젊은 처자, 푸르르지 않으랴. 무수한 시량리 사람들과 고려인들이 서로 손잡고 생활 둥지에 들어앉는 모습, 그 밝고 담백한 정경이 내가 늘 모시고 섬기는 나의 부모님이 아니랴. 내가 아끼는 나의 아우들이며 내가 가슴에 품어야 할 고려인들이 아니랴. 새벽 바다 밟고 무적霧笛이 내는 물안개 길을 걸어오시는 해맑고 청아한 모습의 당신이라 읽고 '청청한 방초'라 썼노라. 아침 창문을 열어제치는 것은 사람의 손이 아니라 아침 공기의 담백한 기쁨이노라. 그러므로 내 사랑 당신이, 조국이, 내일 이 그 어찌 '청청한 방초'가 아니랴.

장차 맞이할 새봄에는 상상 못 할 '춘색'으로 인한 정情이 다가올 것이라.

'정이란 하늘과 땅, 해와 달과 별, 강과 산, 안개와 구름, 사람과 동물, 풀과 나무, 메아리로 답을 하고 움직임에 깨달으며, 남의 발자취를 만나고 사물과 만나는 그 모두가 정'*이라. 그리되면 꼭 나는 못가더라도, 그

리운 고려 강산 그곳에 나는 못가더라도, 부디 당신이 나 대신 가주오. 당신이 가서 오늘 공원을 답사하는 나의 심사를 심중 화판에 그리도록 하오. 나는 비장하면서도 한편 평안하므로 '다정한 방초'의 얼굴의 '춘색'을 내 심중에 갈무리하리다.

멀지 않았노라. 별, 모레면 신공원에 폭탄 소리 천지간에 진동할 것을 맹세하노라. 이 맹세로 인하여 '다정한 방초'는 영원히 이어지리라. 일본 제국주의자들의 병탈이라는 혼돈과 혼란의 거품이 걷히고 바야흐로 고려 강산에도 웃음이 정착되리라. 목바리 청년, 예산의 사내, 대한민국의 남아, 나는 고려 강산을 위해 태어났노라. 그 환희의 길을 열 것이라. 지금 생의 가장 아름다운 젊음을 드려 그 길을 예비하는 내 눈물은 그때 씻겨지리라.

당신은 그저 꿋꿋하게 견뎌주고 당당히 맞서주오. 부모님과 어린 자식들을 당신 손에 의탁 드리오. 비 오듯 눈물이 앞을 가리지만 내 어찌 조바심대며 내 마지막 가는 이 길을 후회하겠소. 보라. 나는 당신 얼굴을 안고 '방포 일성' 터트리면 그게 내가 당신께 올리는 마지막 사랑의 꿈이라. 누구에게 말 못하였어도 내 가슴에 사는 당신, 내 아내여, 내 믿음, 내 소망, 내 그리움, 내 아내여, 내가 사랑한 유일한 내 사랑 당신을 못 보고 가는 걸 부디 용서하시고 나의 꿈을 보오. 나의 꿈을 보오.

* 처처한 방초여… : 매헌의 유서에 쓴 시에서 인용.
* '정이란…' 『시품』 보설외편普說外篇에 있는 첫 단락

Pay Attention to My Dream
- Walking on the Green Grass of Spring in a New Park

Fragrant Green Grass,
when the warm spring arrives next year,
come along with it as a royal offspring.
Green Grass,
when the warm spring arrives next year,
come to the scenery of Korea as well.
Chummy Grass,
on April 29th this year,
let's take an oath with gunfire.

유촉遺囑
- 강보에 싸인 두 병정(아들 모순과 담)에게

*너희도 만일 피가 있고 뼈가 있다면
반드시 조선을 위해 용감한 투사가 되어라
태극의 깃발을 높이 드날리고
나의 빈 무덤 앞에 찾아와
한 잔의 술을 부어놓아라
그리고 너희들은 아비 없음을 슬퍼하지 말아라
사랑하는 어머니가 있으니 어머니의 교양으로 성공자를
동서양 역사상 보건대 동양으로 문학가 맹자가 있고
서양으로 불란서 혁명가 나폴레옹이 있고
미국에 발명가 에디슨이 있다.
바라건대 너희 어머니는 그의 어머니가 되고
너희들은 그 사람이 되어라

이력서를 겸한 소회가 손수건 적셨다
소매 깃 비틀어 짜면 물 흐르듯 온몸이 흠뻑 젖었다

사람들은 짐작조차 못하였으리라

나의 발자취의 우려가 울다 못해
소리 없이 울다 못해
사월 노을 한 자락에 스며든 통곡이 되는 줄을 모르리라

나 없이 살 나의 아이들에게 병정이라
투사는 죽음을 두려워하지 않는 자의 이름이라

그렇더라도 언제든 죽어라
조국을 위해서라면 죽어라
남겨진 어린 자식들에게 하는 이 말,

너희를 품어주지 못하여 밤새워 울었다

* 유촉遺囑 : 이 시편, 「강보에 싸인 두 병정(아들 모순과 담)에게」 전문은 매헌이 홍구공원 의거를 앞두고 1932년 4월 27일 오후 6시부터 약 2시간 동안에 걸쳐 쓴 자서약력(백범 김구 선생 요청으로 쓴 유서 형식의 글)에 자신의 죽음을 마주하면서 아직 강보襁褓에 싸인 두 명의 아들, 곧 윤종과 윤담에게 쓴 시편 전문이다. 유촉시편遺囑詩篇이기도 한 이 시편에서 매헌은 장차 다가올 자신의 죽음 이후에 유자幼子들이 장성하여서 마땅히 해야 할 일을 적시하고 있다. 먼저 매헌은 시 제목에 붙이기를 「강보에 싸인 두 병정(아들 모순과 담)에게」라 하여 두 어린 아들을 병정兵丁으로 호명하고 있다. 병정이란 무엇인가. 싸우는 장정, 곧 군인이다. 간단히 싸우는 병사이다. 전쟁이 발발하면 최전선에 총 들고 나아가 싸우는 자를 이름한다.
* 너희도 만일… : 매헌의 시, 「강보에 싸인 두 병정에게」 전문

The Last Will
- To Two Soldiers(Son Dam and Jong) in Swaddling Clothes

I dripped my handkerchief while writing my thoughts on a resume.

My body was so wet that wringing my sleeves caused water to flow.

People may not be aware that I cried;

I let out a silent cry of concern about the course of my life,
and the tears turned into a wail in the April sunset's skirt.

My children who will survive without me are soldiers.
The fighters do not fear death.

As a result, be prepared to put your life in danger.
Give your life to your country.
I said this for my children who had been left behind.

I cried the entire night because I couldn't care for them.

손수건의 시
- 매헌, 백범 선생께 드리는 시편을 쓰다

*외외청산혜巍巍靑山兮여
 재육만물載育萬物이로다
 묘묘창송혜杳杳蒼松兮여
 불변사시不變四時로다
 탁탁봉상혜濯濯鳳翔兮여
 고비천인高飛千仞이로다
 거세개탁혜擧世皆濁兮여
 선생독청先生獨淸이로다
 노당익장혜老當益莊兮여
 선생의기先生義氣로다
 와신상담혜臥薪嘗膽兮여
 선생적성先生赤誠이로다

 높이 우뚝 솟은 웅장한 푸른 산이여
 만물을 품어 기르는도다
 저 멀리 곧게 서 있는 푸른 소나무여
 사시장철 변함이 없도다
 번쩍번쩍 밝게 빛나는 봉황의 날음이여
 천 길이나 드높이 날아오르는도다
 온 세상이 모두 흐림이여
 선생 홀로 맑으시도다
 늙을수록 더욱 강건해짐이여

오직 선생의 의기뿐이로다
원수 갚으려 온갖 핍박을 참고 견딤이여
선생의 붉은 정성이로다

사모하는 정념으로 사모하는 정념으로
삼가 제 영혼에 선생독청先生獨淸을 모셨나이다 선생적성先生赤誠이
신앙이라 믿나이다 영원토록 적성을 모시겠나이다, 선생님!

* 매헌이 백범 선생께 드리는 헌시 전문.

A Poem on a Handkerchief
- Maeheon Writes a Poem for Mr. Baekbeom

To show my respect and passion
I dare to have your pure mind in my soul.
I believe that the path I should take is your dedicated life.
I'll remember your selfless sacrifice for Korea Independence forever.

나는 목이 메인 목소리로

"윤군은 자기의 시계를 나에게 꺼내어 주며 '이 시계는 어제 선서식 후에 선생님 말씀대로 6원을 주고 산 시계인데 선생님 시계는 2원짜리니 저하고 바꿉시다. 제 시계는 앞으로 한 시간 밖에는 쓸 수가 없으니까요' 하기로 나도 기념으로 윤군의 시계를 받고 내 시계를 윤군에게 주었다. 식장을 향하여 떠나는 길에 윤군은 자동차에 앉아서 그가 가졌던 돈을 꺼내어 내게 줬다. '왜 돈은 좀 가지면 어떻소?' 하고 묻는 내말에 윤군이 '자동차 값 주고도 5,6원은 남아요.' 할 즈음에 자동차가 움직였다. 나는 목이 메인 소리로 '후일 지하에서 만납시다.' 하였더니 윤군은 차창으로 고개를 내밀어 나를 향하여 머리를 숙였다. 자동차는 크게 소리를 지르며 천하영웅 윤봉길을 싣고 홍구공원을 향하여 달렸다."

설움 북받쳐 막히는 말문
새파란 청년을 사지로 모는 조국 대한도 말문이 막히다
흐르는 눈물은 눈물의 말,
온몸이 뱉어내는 통곡,
목숨, 천하보다 귀한 목숨을 두고
더 말 못 하겠으므로

… 아아 … 사랑하는 윤 동지,

윤 동지, 지하에서 우리 다시 만나오.

*『백범일지』에 기록된 백범 회고담에서 인용.

Getting the Lump in My Throat

I'm speechless because I'm so sad,
So is my country, Korea, which drives a young man into a deadly situation.
The flowing tears are the words of tears,
as well as a wail from the entire body.
Life is more valuable than the entire world.
I'm at a loss for words.

Unfortunately, my dear comrade Yoon.

Let's meet again in the otherworld, Comrade Yoon.

청년 제군에게*

피 끓는 청년 제군들은 아는가 모르는가.
무궁화 삼천리 내 강산에
왜놈이 왜 와서 왜 광분하는가.
피 끓는 청년 제군들은 모르는가.
되놈이 되 와서 되가는데
왜놈은 와서 왜 아니 가나.
피 끓는 청년 제군들은 잠자는가.
동천에 여명은 밝아지려 하는데
조용한 아침이나 광풍이 일어날 듯
피 끓는 청년 제군들아 준비하세.
군복 입고 총 메고 칼 들면서
군악 나팔에 발맞추어 행진하세.

    비통어린 비분강개의 이 시편은 스스로 폭탄 투척 감행 결의를 다짐한 뒤에 스스로의 죽음을 그려보면서 순국의 길을 확정한 1932년 4월 27일 오후 6시에 쓴 매헌의 시편이다. 홍구공원 거사를 앞두고 이를 문서로 남기려는 백범의 자서 약력 요구에 응하여 대략 2시간 정도의 시간 동안에 그에 대한 글을 쓰다가 매헌이 즉흥적으로 쓴 「청년 제군에게」 시편 전문이다.

    이는 마치 삼국지연의에서 촉나라 황제 유비는 임종을 눈앞에 두고 '새는 죽을 때 그 울음소리가 슬프고, 사람은 죽을 때 그 말이 착하다.'면서 제갈량에게 풍전등화의 촉나라를 유탁하는 말을 꺼내던 상황과 유사하다. '새 는 마지막 울음이 가장 아름답고, 사람은 죽기 전의 말이 가장 진실하다'라는 이 말은 기원전 6세기 무렵에 증자曾子가 한 말로 논어論語 '태백泰伯' 편에 나오는 조지장사 기명야애 인지장사 기언야선鳥之將死 其鳴也哀 人之將死 其言也善를 이름한다. 즉, 증자가 병석에 누워 있을 때에 문병 온 맹경자孟敬子에게 "새는 죽기 직전의 울음소리는 참 슬프다. 사람이 죽음을 앞두면 어떤 악인이라도 어진 말을 하는 법이다"라고 한 말을 유비가 재론한 것이다.

매헌 역시 자신의 임종 을 앞두고 조선 청년들에게 전장에 나아가 싸울 것을 주문하는 단호한 주문이 담긴 시편이다. 충남 예산 시량리 고향집에서 있는 두 아들에게도 이와 유사한 시편을 쓰는 것으로 보아 이 당시 매헌의 시의식은 투쟁 일변도였다. 마치 군가軍歌를 연상시키는 매헌의 이 시편은 사뭇 전투적이다. 이웃집에서 병탈을 목적으로 폭력과 살상을 일삼아 우리 집을 강제로 빼앗아(한일합방) 억압하였고, 이를 제지할 법이 요식행위에 그치는 것이라면 맨 주먹이든 몽둥이든 들고서 강력하게 대항하는 일 말고는 다른 대처방법이 없을 터이다. 매헌은 이를 시로 썼다. 이 시편을 그러므 로 매헌의 투철한 전투의지를 그린 시편이다.

* 매헌이 쓴, 「청년 제군에게」 전문.

To the Young Men

Young Blood, do you know or not
why the Japanese are in such a frenzy
in your country?
Young Blood, do you know
why Japanese do not return home
while Chinese do?
Young Blood, are you sleeping?
In the east, the dawn is about to break.
A flurry appears to blow in the stillness of morning.
Young Blood, let's plan ahead of time.
In a military uniform, carrying a gun and a knife,
let us march to the sound of the military music trumpet.

윤봉길 의사 선서문

나의 아이들이
웃으며 뛰어노는 나의 영토는
작은 뜰 안이면 족하다

이웃이 자유로이
살 공간이면 족하다
조선 언어로
조선 글을 쓰며 아무데서나 잠자고 일어나면 족하다

큰 것을 바라는 건 아니다
독립이야 필연,
아무려면 일제가 종신 지배하랴

손에 든 수류탄과 권총은
내가 아니라 조선이다

내가 죽고 조선이 사는 것이다

독립은 싸워서 쟁취하는
투쟁이다
다른 길은 없다

* 선서문 : 대한민국 14년(1932) 4월 26일 매헌의 선서 전문, "나는 적성으로서 조국의 독립과 자유를 회복하기 위하야 한인애국단의 일원이 돼야 중국을 침략하는 적의 장교를 도륙하기로 맹세하나이다. 선서인 윤봉길 한인애국단 앞"

Yoon Bong-gil's Written Oath

A small yard is enough
for my children
to laugh and frolic in.

A place where neighbors can live
freely is sufficient.
A place where Koreans can use their own language
while sleeping and waking up at will is enough.

I don't want anything big.
Independence is inevitable.
Will Japan continue to rule over this land forever?

A grenade and a pistol in my hand
are not me, but Joseon.

I'll willing to die and save Joseon.

Independence is
to fight for.
There's no other option.

회중시계

1
째각째각 초침이
돌아가, 돌아가고

그리스도처럼
십자가 형틀에 묶어

이마를 관통하고

몸 뚫은 26발 총알이
심장에서 째각째각

회중시계 초침이
돌아가, 돌아가고

쉬지 않고 영원히
새로운 시간 내어

도중도로 돌아가는
시간의 새 혼불

2

한바탕 꿈을 꾸고 난 오수午睡에 한바탕 또 꿈을 꾸고 난 뒤에도 흩어지지 않는 탄약의 화약연기들이 후광처럼 내 몸 주변을 어슬렁거리고 있소. 내가 한때 사람이었고 사람의 몸을 가진 적이 있긴 있었는지 입술 깨물어보면 서 먼저, 맨 먼저 고향의 어머님, 어머님의 그 후줄근한 치맛자락 붙잡고 좋아하는 나를 만나고, 나를 아비라 부르며 달려와 품에 안기는 종倧이에게서 들리는 맑고 푸르른 도중도의 물소리를 듣는다오. 나를 만나려다가 광활한 우주의 자장가 소리를 들려주는 대치천과 노곡천 두 물받이 물소리가 구두도 벗지 않고 묻힌 가나자와 미고우시 일본육군 공병장 서북쪽 골짜기의 암장지暗葬地를 감싸고 흐르는데 언뜻 보니 냇물이 벌건 피눈물이오.

무릎 꿇려 놓고 꽁꽁 묶어 맸던 십자가 형틀 그대로에다가 입고 있는 생시의 옷 그대로 양손을 묶어 맸던 포승줄 그대로 좁게 판 구덩이에다가 옆으로 모로 눕혀 놓고 평토를 쳐버려 봉분 없는 무덤은 도로가 되어 13년간이오. 130년에 버금갈 촌음 동안 음습한 지하에서나마 잠 한숨 못 자고 무수한 사람들 발뒤꿈치에 다시 짓눌려 밟히다 매일 밤 자정 지나서 들려오는 백범 선생 가슴 근처에서 째깍째깍 시계 초침 소리는 이국땅 일본의 가나자와 현까지 울려오는 게 아닌가, 뇌파에서 사라지지 않는 체온을 간직한 전율, 피울음 가득한 청천의 혈관 속 회중시계는 죽지 않고 살아서 살아 있는 내 강의한 혼을 튕겨내는데 용순, 내 아내라오.

내 아내가 그 섬세하고 가녀린 손마디로 남몰래 물레를 잦고 있소, 버선 발 끝으로 밟아 뭉개는 호곡, 밤마다 새벽마다 울고 있는 아내 울음소리가 생성시키는 밤안개 마시고 있소, 비녀 풀어 던지고 숨죽여 우는 생전 모습이야 차마 보기 어려워라, 다시 햇살을 받으며 지상으로 몸이 다시 사는 일도 힘겨워라, 염습 먹고 영면하는 효창공원에서조차 견디기 어렵지만 서두르지는 마오, 한 자 한 자 피 바늘 수놓듯이 예정된 대로 어서 빨리 시랑리 소나무 숲으로 나를 데려다주오, 째깍째깍 쉬지 말고 돌아가서 용순을 껴안게 해주오

　내 혼도 마실 가서 쉬는 시랑리 소나무 숲 그늘 아래 흙집으로 데려다주오, 돌아가 돌아가서 내 품에 꼬옥 용순, 내 아내와 내 안순이와 내 아들 종이와 내 아들 담이, 얼굴 모르지만 태어날 나의 사랑스러울 손자 손녀들, 그 서러움 많았을 부모 형제들, 가슴 아리게 애처로운 피붙이들 껴안고 지고, 껴안고 지고, 껴안고 지지고 볶으며 시랑리로 예산 고을로, 네온사인의 상해로, 우주로 빙글빙글 돌아가는 시간이 되게 그리하게 꿈이여, 내 혼이여, 내 영혼의 회중시계여!

* 매헌 회중시계: 문화재 제441호이다.

A Pocket Watch

A ticking second hand spins again and again.

Like Christ,
Maeheon, tied to a crucifix frame.

A bullet penetrates his brow.

The 26 bullets that pierced his body
tick in his heart.

The second hand of his pocket watch
spins

and spins without pause.
With new time,

a new soul of time
goes back to Dojoongdo.

찬물 한 그릇
- 배용순의 탄식

당신 떠나시던 그날,
제게 찬물 한 그릇 달라하셨지요

신혼생활 같지 않은 신혼
겨우 칠 년여 지나
갓 스물세 살에
어디를 간다 하지 않고

떠나시던 날 아침,
제게 찬물 한 그릇을 말하셨지요, 나는
그저 설거지를 하면서
그날의 그 말이
애써 울음을 참는 당신의 의미인 줄 몰랐답니다

다시 정성껏 물 한 그릇 드릴
새 아침에

저승에서 뵈어요, 당신

* 배용순(1907-1988)의 말

A Bowl of Cold Water
- Bae Yong-soon's Sigh

On the day you left,
you asked me to bring you a bowl of cold water.

We were newlyweds, not like newlyweds.
Seven years after your marriage,
when you were 23 years old,
without saying anything,

you left. That morning,
you asked me to bring a bowl of cold water.
While washing the dishes,
I didn't notice he said that
to hold back his tears.

In a new morning
when I will bring you a bowl of water with care,
in the afterlife, I hope to see you again, honey.

각골 삼베적삼

어둠 갈기 세세히 스며드는 빛살 틈새로 새순 돋고
손끝으로 빗어 올린 머리칼 헤집어대며
검은 연기 토해내느라 경황없는 이역만리 동토에도 봄이 왔다

삽다리 열차 타고 노잣돈 마련하여 나도 왔다

손등 터져 갈라지는 세포마다 덕산 작약이 피고
그 어떤 염원에 사무쳐 나를 내던져버리는 피의 뿌리,

미치게 달려가고자 한 오늘 피를 뿌릴
굽힘 없는 남아다, 용암 폭발하는 내 눈을 보라

몸 뒹구는 내 혼에서 뛰쳐나온 핏방울 뿌리며
달려라, 내달려라, 내 발길 빌려서 황천에서 왔다

내 눈, 부리부리한 내 눈은 불 마차,

두렵지 않다, 나는 자유독립의 날까지 내 달릴 불수레다

각골 삼베적삼이 꿈길 여는 눈빛 달고
불타는 앙가슴 뒤흔들며 솟구쳐 오르는 신록이다

* 각골 : 각진 골과 같다 하여 명명된 시량리 소재의 고을 별칭

Gakgol's Hemp Summer Jacket

Buds sprout from the cracks in the light, where the darkness' mane pervades.
Dishevelling the hair combed with the fingertips,
spring has arrived even in the frozen land too, busy for vomiting the black smoke.

I also arrived in a Sabdari train with money for my last trip.

Every cell where the back of the hand cracks blooms with Deoksan peony.
With a certain desire, the root of blood throws itself away .

Now I am going to run like hell to spray my blood.
I'm a man of great determination. Look at my eyes like exploding lava.

Spraying soul blood from my trampled body,
I came running from the way to heaven with footsteps borrowed.

My big, bright eyes are a fire chariot.

I'm not scared. I'm a fire chariot that will keep running for Korea independence.

The fresh green that shakes up the burning heart is
the Gakgol hemp summer jacket with eyes that open a path of dream.

마지막 편지
- 윤봉길 유서 중 동포에게 보내는 글

*고향에 계신 부모 형제 동포여! 더 살고 싶은 것이 인정입니다.
그러나 죽음을 택해야 할 오직 한 번의 가장 좋은 기회를 포착했습니다.
백 년을 살기보다 조국의 영광을 지키는 이 기회를 택했습니다.
안녕히, 안녕히 들 계십시오.

삶 너머에는 영계가 있을 것입니다
현실 또한 영계에 맞닿아 있습니다
삶은 영계이며 영계는 또 삶입니다
저의 죽음은 그 둘을 융합할겁니다
폭탄투척하기 전에 이 글 올립니다

* 거사를 앞두고 마지막으로 쓴 매헌의 유서.

The Last Letter
- Yoo Bong-gil's Will Sent to His Compatriots

"Parents, Brothers, and Compatriots in my hometown! No wonder you want to live longer.

However, I seized the best opportunity to choose death.

Rather than living for a hundred years, I chose this opportunity to protect my country's glory.

Goodbye, everyone."

Beyond life, there will be shadowland.
The reality also opens off shadowland.
Life is shadowland, and shadowland is life.
My demise is a combination of the two.
I'm writing this letter before throwing a bomb.

목숨의 꽃
- 매헌의 독백

가야산 산봉 밝히는 혼령이 일어난다

상처 얼룩진 뼈마디에 불씨 떨어트린 뒤
저한당 앞뜰 목계의 여울을 내달린다

눈에 보이지 않는 일렁거림,
억새가 드날리는 하얀 물결의 역사를 펼치며
이루 형용할 수 없는 피땀의
이루 형용할 수 없는 통곡과 절망으로

궁극의 무기물과 유기물, 생명체와 무생물체의 형상을 아울러서

죽음, 그 현현한 본생의 지평을 열고
환영인가, 설핏 옥녀봉이 유영한다

자주 참았고 자주 울었던 울음의 실올은 너울이라

논배미 둑새풀을 하얗게 물들이며
아지랑이 피어오르는 논둑마다 활활활 타는
눈빛의 어울림에서 일렁이는 불꽃이다

나는 혼을 초월하여 타는 목숨 꽃이다

* 본생本生 : 불꽃을 지닌 생명을 이름한다. 즉, 우주의 가장 궁극적인 실재로 우주만물을 형성하며 태극, 태허 등을 지칭한다.

Life Flower
- Maeheon's Monologue

A spirit awakens, lighting up the peak of Mt. Gayasan.

After dropping embers on the bones covered with scars,
it runs through the rapids of Mokgye in the front yard of Jeohandang.

Invisible ripples.
It performs a spectacle of white waves of silver grass,
indescribable blood and sweat,
and indescribable wail and despair.

Along with the ultimate inorganic and organic forms, living and inanimate things,

it clearly shows death, which is the horizon of real life.
Is it a mirage? Oknyeobong Peak appears to be swimming at first glance.

The strand of tears that is frequently both held back and shed is a sea swell.

It turns the water foxtail in rice fields white.

It's a flame that twinkles in mingling eyes
and blazes on every rice field ridge where haze rises.

I'm a life flower that transcends soul.

심경 心境

들린다 바람을 뚫고 들려오는
바람의 목소리 저편,

붉은 노을이 유난히 붉어오는 봄날 어스름

나의 유월 탄생이
내 길을 찾아 떠나가면서

당당하고 뿌듯하게
내 임종을 찾아 길 떠나
저한당 고요와 나는

무화無化의 나라에 들어갈 것이다

Mind State

I can hear the voice of the far-off wind,
coming through the wind.

In the spring dusk, sunset is exceptionally red.

Born in June,
I set out confidently

and proudly to find my way.
I leave to meet my death.
The silence of Jeohandang and I

will enter the land of nihilation.

바닥

여기는 환청의 나라
환시가 사는 밤의 나라
캄캄한 암흑이다

어디 고개 들어 볼 곳 없다 나도 없다 그러나 그러나 그러나

여기는 꿈의 나라
주검을 살리는 부활의 나라

일어설 것이다
태극기 흔들며 뛸 것이다

기꺼이 바닥이 되어
바닥에 나를 버릴 것이다

Bare Ground

This is the land of auditory hallucinations,
as well as the land of night where visual hallucinations reside.
It is deep darkness.

There isn't anything to look up. I am nowhere. but⋯ but⋯ but⋯

This is the land of dreams
and the resurrection that brings the dead back to life.

I'll get up.
I'll run while waving the national flag.

I'm willing to be the ground,
and I throw myself on it.

매헌의 손

새벽이 열리고 천지를 삼키는 폭풍
저한당 부엌에서 찬물 바가지 받아 쥐던

정독하는 개벽잡지 넘기던
헌 책장과 헌 신문을 넘기던

신작로에 풀풀 날리는 먼지에 코 막던

첫아들 모순이 안고
덩기덩기 얼러주던 아아 저건 통곡을 삼킨 눈물,

서당, 농사일, 시 쓰기 매진하다
스물다섯에 움켜쥔 십자가,

머잖아 모두 뽑혀질 손톱이
손가락 마디마디가 뽑힐 통증을 데리고

끝내 운명할 목숨을 보게 될
우주별보다 넓고 찬란한 자유의 꿈

Maeheon's hands

The storm swallowed heaven and earth as dawn broke.
The hands that were given a gourd of cold water in the Jeohandang kitchen.

The hands that turned the pages of Gaebeok magazine he would peruse
as well as used books and newspapers.

The hands that covered his nose from the flying dust on a new road.

The hands that held his first son Mosoon
to humor. Oh, those were tears that swallowed a wail.

After striving for learning at Seodang, farming, and writing poems,
he grabbed a cross tightly at the age of 25.

The nails that would be pulled out soon,
along with the pain where the knuckles would be pulled out

would meet the fate of death after all.
The dream of freedom is bigger and brighter than the universe stars.

통증

나는 본심을 찾아 헤메었노라

순수한 본성을 찾아 나는
저한당에 새벽 청수 올렸느니라

지기금지원위대강 시천주조화정 영세불망만사지*…

슬픈 추수가 내 정신을 탈곡하리라
통증의 나의 힘이었노라

몸을 벗고 새로워지리라
전율하는 신명의 나라로 가노라

나는 본심을 찾아 떠나가노라

---

* 시천주조화정 영세불망만사지 지기금원 원위대강 侍天主造化定 永世不忘萬事知至 氣今至願 爲大降 : 천도교 주문. 매헌은 장인인 배성선의 영향으로 천도고에 입문하였고 사형장에서도 이 주문을 외웠다.

Pain

I looked everywhere for the true intentions.

To find pure human nature,
I offered clear water to Jeohandang at dawn.

Gigigeumgiwonwedaegang sichenjoojohwajeong
youngseblulmangmansagi…

A depressing harvest would thresh my mind.
My strength came from my pain.

I will take off my body and become new.
I'm going to the land of all-powerful gods.

I'm leaving to investigage the true intentions.

시로 쓴 일대기
매헌 **윤봉길**
Maeheon Yoon Bong Gil

1